教育部人文社会科学研究青年基金项目资助（21YJC890049）

竞技运动的价值

钟永锋　著

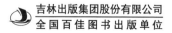
吉林出版集团股份有限公司
全国百佳图书出版单位

图书在版编目（CIP）数据

竞技运动的价值 / 钟永锋著.
-- 长春:吉林出版集团股份有限公司, 2022.10
ISBN 978-7-5731-2579-8

Ⅰ.①竞… Ⅱ.①钟… Ⅲ.①竞技体育—研究Ⅳ.①G8

中国版本图书馆CIP数据核字(2023)第002584号

竞技运动的价值

JINGJI YUNDONG DE JIAZHI

著　　者　钟永锋
出 版 人　吴　强
责任编辑　尤　蕾
助理编辑　张　梦
装帧设计　河北优盛文化传播有限公司
开　　本　710mm×1000mm　1/16
印　　张　9.75
字　　数　192千字
版　　次　2022年10月第1版
印　　次　2023年8月第1次印刷

出　　版　吉林出版集团股份有限公司
发　　行　吉林音像出版社有限责任公司
　　　　　（吉林省长春市南关区福祉大路5788号）
电　　话　0431-81629667
印　　刷　吉林省信诚印刷有限公司

ISBN 978-7-5731-2579-8　　定　价　50.00元

前　言

　　竞技运动的价值历来是国际体育理论研究的重点，也是国际竞技运动领域重点讨论的研究方向。近年来，我国国家社科基金委员会曾两次将其列为体育学研究的指南项目，这足以说明竞技运动的价值研究的现实意义。然而，我国的本科、研究生统编通用教材《运动训练学》和《运动训练学导论》对此系统性阐释较少。由此可见，本研究对于弥补我国竞技运动理论研究和《运动训练学》教材中的这一缺失，具有一定的理论意义和现实意义。

　　竞技运动发展空间的快速迭代和不断拓展既是机遇，又是挑战，我们需要根据其价值的变化作出调整，以适应项目的生存和发展，从而促使其价值最大化。竞技运动价值具有动态性、时代性特征，其分层、分类价值的明确将为其发展指明方向。

　　基于此，本研究通过文献资料法、问卷调查法、专家访谈法、层次分析法、主成分分析法、案例分析法等解析竞技运动的价值结构及其要素，探讨从价值理论构建到其实现途径中的价值异变、实现过程和价值导向，旨在以唯物史观和辩证思维为基本思维方式，初步探讨现代竞技运动的价值理论。

　　研究发现，哲学意义上的竞技运动价值指竞技运动对主体的积极意义，即竞技运动满足主体需要的属性和功能，是包含其本质和功能的总和。竞技运动价值兼具客观性和主观性。竞技运动核心价值指竞技运动对主体的核心积极意义，即竞技运动满足主体需要的核心属性和功能的总和。竞技运动价值链指由竞技运动相互联系、相互耦合的价值要素所组成的价值链条。竞技运动横向价值链、各相互联系的纵向区块链共同构成其价值模型。竞技运动价值链结构特征为：其横向价值链体现出动态性、时代性特点；纵向价值链体现出关联性、扩展性特点。

　　竞技运动横向价值链由精神价值、教育价值、运动价值、经济价值、文化价值、政治价值、外交价值、军事价值八个价值链环组成，而纵向区块链由八个价值要素的下级要素组成。竞技运动的核心价值是运动价值，主体价值是精神价值、教育价值、文化价值和经济价值。

经主成分分析后的竞技运动延伸价值分别是政治价值、外交价值、军事价值。竞技运动政治价值的核心要素为形象提升价值、团结互助价值、民族激励价值。竞技运动外交价值的核心要素为项目交流价值、民风交流价值、制度交流价值。竞技运动军事价值的核心要素包括素质提升价值、吃苦精神价值、技能提高价值。竞技运动的核心价值、主体价值与军事价值、政治价值、外交价值相辅相成、密不可分，核心价值是其价值发挥的集中展现，延伸价值是其价值实现的关联表现。

作者在撰写的过程中虽力求论述的翔实，但个人力量终究有限，书中难免有不足之处，敬请广大读者谅解和指正。

目　录

第1章　绪论

1.1　研究背景

1.1.1　历史背景

价值问题与每个人都有最直接、最密切的联系，人们在日常生活中通常会考虑客观存在物是否有价值，而且会把价值理解成客观存在物的意义，但"意义"的意义很复杂，它可能包含含义、功能、作用、规范、目的、尊严、重要性等，因此，想要透彻解析价值本质并非易事。[①] 古往今来，对于"生活的意义""人生的意义""竞技运动的意义"等问题，众多学者或褒或贬地试图厘清原委，然而，此类问题似乎有很多答案，却又永远没有正解。从历史的维度看，竞争促使物种的生存能力、综合竞争能力不断提高，促使物种不断优胜劣汰。竞争是生物进化的引擎和触发器，而竞技运动的首要表现属性是"竞争形态"。随着人类文明和生产力的不断发展，直接的身体对抗在竞争中的优势不断被弱化，但竞技运动在当今人类社会实践中的重要性和价值却没有降低，通过以竞技运动为载体的竞争行为，人的躯体可以变得更为灵巧，心理素质和种属能力可以得到强化，为人类适应环境奠定身心基础。人类通过将竞技运动当作经济、教育、文化、政治、外交等各方面的平台，实现其多维价值。

追溯竞技运动的发展历史可知，很多国家把竞技运动当作民族强种、拓疆强国、国家复兴的重要手段。例如，苏联从建国就开始重视竞技运动，1931年苏联颁布了劳卫制，这不仅为军队提供了优质兵源，还为奥运会奠定了基础。从1952年到1991

[①]　周树智:《价值哲学发展论》，陕西人民出版社，2009，第7页。

年，苏联共参加了9届夏季奥林匹克运动会（以下简称"夏奥会"）和9届冬季奥林匹克运动会（以下简称"冬奥会"）（1952—1988年），创造了无与伦比的成绩（表1-1、表1-2）。由此可知，竞技运动的价值有特殊性、本源性、时代性。以竞技运动的典型形态奥运会为例，我们从奥运会所设项目产生的历史时期不难看出，竞技运动的诞生和价值追求具有历史特征。第一阶段（公元前800—公元400年）：表现基本争斗生存价值。此阶段以陆地奔跑、追逐狩猎、个人格斗项目为主。第二阶段（400—1500年）：表现娱乐价值。此阶段以击剑格斗、宫廷舞蹈、驾驭骏马等项目为主。第三阶段（1500—1850年）：表现竞技极限价值。本阶段以体操、游泳、划船等项目为主。第四阶段（1850年至今）：展现团队协作价值。此阶段以球类和团体项目为主，此类竞技运动项目具有明显的团队协作特征。[1]

表1-1　苏联最后一次参加夏奥会和冬奥会的成绩与排名

1988 年夏奥会金牌榜					1988 年冬奥会金牌榜				
名次	国家	金牌	银牌	铜牌	总数	名次	国家	金牌	银牌	铜牌	总数
1	苏联	55	31	46	132	1	苏联	11	9	9	29
2	民主德国	37	35	30	102	2	民主德国	9	10	6	25
3	美国	36	31	27	94	3	瑞士	5	5	5	15
4	韩国	12	10	11	33	4	芬兰	4	1	2	7
5	联邦德国	11	14	15	40	5	瑞典	4	0	2	6
6	匈牙利	11	6	6	23	6	奥地利	3	5	2	10
7	保加利亚	10	12	13	35	7	荷兰	3	2	2	7
8	罗马尼亚	7	11	6	24	8	联邦德国	2	4	2	8
9	法国	6	4	6	16	9	美国	2	1	3	6
10	意大利	6	4	4	14	10	意大利	2	1	2	5
11	中国	5	10	12	28	11	法国	1	0	1	2

表1-2　苏联参加夏奥会和冬奥会的成绩与排名

苏联参加夏奥会成绩						苏联参加冬奥会成绩					
举办地	时间	金牌	银牌	铜牌	总数	排名	举办地	时间	金牌	银牌	铜牌	总数	排名
赫尔辛基（芬兰）	1952	22	30	19	71	2	奥斯陆（挪威）	1952	–	–	–	–	–
墨尔本（澳大利亚）	1956	37	29	32	98	1	科蒂纳丹佩佐（意大利）	1956	7	3	6	16	1

---

① 胡亦海：《竞技运动的起源辨识、历程断想、功能启迪》，《武汉体育学院学报》2009年第5期。

苏联参加夏奥会成绩						苏联参加冬奥会成绩						
举办地	时间	金牌	银牌	铜牌	总数	排名	举办地	时间	金牌	银牌	铜牌	总数	排名
罗马（意大利）	1960	43	29	31	103	1	斯阔谷（美国）	1960	7	5	9	21	1
东京（日本）	1964	30	31	35	96	2	因斯布鲁克（奥地利）	1964	11	8	6	25	1
墨西哥城（墨西哥）	1968	29	32	30	91	2	格勒诺布尔（法国）	1968	5	5	3	13	2
慕尼黑（德国）	1972	50	27	22	99	1	札幌（日本）	1972	8	5	3	16	1
蒙特利尔（加拿大）	1976	49	41	35	125	1	因斯布鲁克（奥地利）	1976	13	6	8	27	1
莫斯科（苏联）	1980	80	69	46	195	1	普莱西德湖（美国）	1980	10	6	6	22	1
洛杉矶（美国）	1984	–	–	–	–	–	萨拉热窝（南斯拉夫）	1984	6	10	9	25	2
汉城（今首尔）（韩国）	1988	55	31	46	132	1	卡尔加里（加拿大）	1988	11	9	9	29	1

1.1.2　现实背景

奥林匹克运动作为最有代表性的竞技运动形式之一，其关于发展方向和价值选择的改革信号引起了全世界的关注。2014年12月8日，国际奥委会第127次会议审议通过了《奥林匹克2020议程》的改革方案，这份改革方案从环节咨询、专家论证到最后拍板总共花费了一年半的时间。这期间，国际奥委会成立了14个改革方案起草小组，历经数次反复讨论，从4万条建议中选择了1 200条合理化建议，最终浓缩为40条改革建议。对竞技运动价值的准确把握有利于我们对《奥林匹克2020议程》进行深入解读，有助于把握奥林匹克事业的发展方向。竞技运动价值的实现离不开需求侧、供给侧、需求与供给协调三方面的整体统筹。需求和属性的对接使得资源得到合理优化。随着竞技运动改革的不断深入，很多有关竞技运动发展改革的问题进入"深水区"的"供给侧改革"时期。这既是机遇，又是挑战。我们需要根据外环境作出调整以适应项目生存和发展。竞技运动改革的基本方向是改变竞技运动自身的发展路径，在"供给侧"进行改革，瞄准供给对象，使其价值最大化。要促进竞技运动的发展，我们既要适应市场的经济学、社会学规律，又要根据其本质属性进行改革。

　　南非已故总统曼德拉在首届世界劳伦斯体育颁奖典礼上曾经留下令人敬佩的言论：“体育具有改变世界的力量。”由此可见，竞技运动绝非跑跑跳跳和简单的游戏，而是具有巨大的社会价值。竞技运动价值的实现最终是要促进人类的全面发展，奥林匹克的精神主旨是体育与教育不断融合，在运动中提升人的品德与情操。[①]

　　目前，竞技运动需要解决价值实现中的现实问题，才能不断纵深发展（图1-1）。由于价值导向的异化，运动项目在发展过程中出现了许多问题。例如，运动训练中的锦标主义导向导致了运动员综合人文素质的缺失，这与人的全面发展相背离，过度强调成绩而忽视素养提升的训练使得运动员走上社会后面临诸多问题；运动员很难用“有限精力”在训练和自身综合素质提升间寻找平衡。[②]可见，竞技运动的价值研究要为其发展提供理论借鉴。价值追求是事物发展目标的核心要素，而之所以只追求“A类属性”，而不是“B类属性”，必有其“历史原因”和“时代要求”。顶层设计和供给侧结构性改革需要解决竞技运动面临的各种问题，并逐步形成竞技运动可持续发展的基本理念和改革方向。

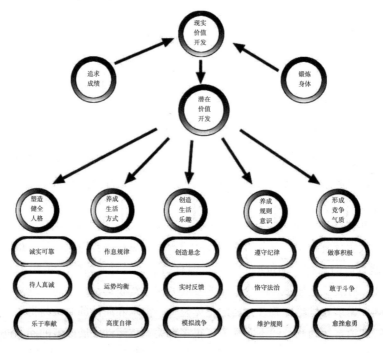

图1-1　单元价值与多元价值开发背离的现实背景

①　杨晓生、陈长礼：《中国体育现代化探析》，《体育学刊》2005年第6期。

②　郭英帝：《发展体育事业　构建和谐社会》，《体育文化导刊》2005年第11期。

1.1.3　实践背景

从实践角度来看，由于人们对竞技运动价值有不同理解，同时进行竞技运动实践时并没有考虑到竞技运动的分层性，所以将某些价值定位运用到特定的竞技运动领域中就会起副作用。例如，职业运动发展体现经济价值有可行性，但如果定位到学校竞技运动就容易导致该类竞技运动走向歧途。而且，竞技运动的经济价值并非唯一价值，如果职业队只重视经济价值，就会影响竞技运动的可持续发展。可见，任何类型的竞技运动都需要充分发挥竞技运动的多维、分层价值，以便健康、可持续地发展。例如，在 2018 年俄罗斯足球世界杯中，克罗地亚的运动员基本上都是职业运动员，但这些职业运动员并没有迷失在金钱中，他们最后把钱全部捐给了公益组织。这种实例在竞技运动当中比比皆是，体育大国非常注重其"分层价值"的发挥。例如，美国 NBA、NHL、NFL、MLB 已形成较为稳定的职业竞技运动价值实现形式，NCAA 业已形成民间体育联盟。苏联（俄罗斯）、美国、日本、加拿大、中国等都有漫长的发展史，大国竞技运动发展可为本文提供价值选择的参考。

任何人参加竞技运动实践都需要把握其发展的"必然规律"。以美国为例，美国共有 555 名选手参加 2016 年巴西奥运会，其中 80% 是高校的学生；美国派到里约的奥运军团中，业余运动员竟然达到 90%，而且此"业余军"常年占据头名。竞技成绩突出是美国全民推崇竞技运动价值观带来的必然结果。美式教育看重竞技运动，高校中竞技运动特长生往往更受重视。美国的学校竞技运动已步入良性的发展轨道。运动员通过训练在竞赛中获胜后，其中有钱的就会进行捐赠。美国各小镇都有政府支持的俱乐部，从低年级开始，教练都是家长，他们年轻时也是运动员，而且，他们现在无论多忙都会抽出时间进行指导训练。而经过这些非职业教练的教导，队员获得的是团队精神（teamwork）、体育精神（sports spirit）、忍受力和毅力（endurance and perseverance）、态度（attitude），同时了解如何在失败后汲取教训（how to deal with failures）。竞技运动的分层、分类价值非常明显，各类竞技运动的价值发挥通常以某类价值为主并兼顾其他。

1.1.4　理论背景

国家社科基金曾两次将"竞技运动价值"列为国家社科基金指南项目，由此可见竞技运动价值研究是当今中国社会亟待解决的重要理论问题之一。查阅竞技运动理论有关的书籍可以发现，很少有相关书籍谈及竞技运动价值。我国的竞技运动理论相关教材中恰好缺少此板块内容，我们只有在竞技运动理论研究中弥补这部分内容，才能完善竞技运动理论体系。如果课程或学科不从价值角度去考虑问题，至少相关理论研究的完整性是缺失的。近年来，我国派出国的访问学者逐步感受到了美国四大职业联盟、NCAA 等组织对竞技运动价值的开发，受到了极大的触动和启发。同时，很多竞技运动的从业者开始转变观念，身体力行。另外，竞技项目的开展开始由硬实力提升向软实力塑造转型升级，而想要达成此目标，竞技运动参与者需要从内心真正认识、理解、接纳项目本身，并日积月累地加以践行。

竞技运动以纷繁复杂的竞技项目为发展载体，以人的身体为物质载体，强调自然性及运动性，而竞技体育的发展虽然离不开各种具有发展潜力的项目本身。国内众多学者对竞技运动价值的研究不够深入，而对竞技体育价值研究较多。纵观国外研究可知，致力于欧洲体育价值研究首推"竞技运动的价值研究"，本研究关注项目发展本身，挖掘其价值本质、结构和要素。全球化时代，自由、开放、个性、平等等最显要的生活价值准则进入社会的各个领域，同时个人价值意识在个人的经济、政治权利得以确认后逐渐觉醒。另外，多样性、竞技性、民族性的竞技运动形态呈现出百花齐放的良好发展态势，竞技项目的内在功能和价值不断得到挖掘和提升，内隐的竞技运动价值也不再是单一的政治价值或经济价值，原本融于政治价值或经济价值之中的个人价值逐渐脱离出来，竞技运动价值认知、评价、选择呈现日益多样化的趋势。

1.2　概念界定

1.2.1　价值概念界定

1.价值与功能思辨

价值表现为主客体之间的关系，基础是两者之间的相互作用。[1]在价值关系中，主体是价值实现的主导，是价值趋向的中心，同时，价值为人所创造，由主体人赋予客观事物或自然物。人认识世界的目的是不断从自然界获得资源和能量以满足自身的需要，促进物质对人的效应实现。[2]自然物最开始是没有价值属性的，人通过创造性思维，不断地改造自然物并使其符合人类纷繁复杂的各类需求，客观存在物的价值属性得以建立和强化。那么客观世界逐步变为人的世界。结构是客观世界要素的连续排列组合及作用方式，是构成要素的内在秩序。结构是要素间的联系方式，是时空的内在表现。功能是事物发挥的效用；作用是对事物产生的影响、活动、效用、用意的综合，是事物与事物的联系。功能是事物本身内在的特质，对事物本身而言，是系统内

① 王玉：《20年来我国价值哲学的研究》，《中国社会科学》1999年第4期。
② 程赫男：《试论马克思价值哲学的哲学维度》，《科技展望》2016年第4期。

部相对稳定的内在联系。功能意味着起作用，没功能就没作用，只有潜在作用。发生关系后，它们才相互作用，功能才能发挥其内在潜藏的效能。由此可见，结构是基础，功能是表现，作用是中介，价值是效应。

功能与价值关系密切（图 1-2）。功能是固有特性，而价值是客体以自己的属性和功能满足主体需要的效益关系。[①] 具体分析如下：①价值关系是需要与被需要。②功能的特点，第一，功能是事物或方法的有用性；第二，功能是有利的效应；第三，功能指对假想客体的价值塑造。③功能是系统内部的稳定联系方式、组织秩序及时空关系的外在表现形式。[②] 功能只是意味着可能产生效用，未找到契合客体前具有潜在性。④功能、价值和作用三者的辩证关系为价值研究要解决"应如何"的问题，而功能研究解决的是"能如何"的问题，中间的桥梁和纽带是作用，或者说功能可通过价值得到彰显，功能也能反映一定价值，但二者不可等同。功能可细分为"功"和"能"，表现为"潜在的价值"和对价值客体作用的程度。作用是价值发挥的中介条件，功能是价值发挥的储备条件。在价值没有实现之前，客观事物对假想的客体进行定位，为潜在的对象不断塑造自身并逐步完善各种功能。相对于特定的客体，某事物的价值是客观定论，而功能是在与客观客体发生作用前就已经确定的属性。

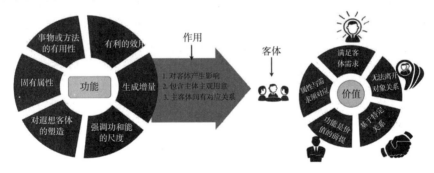

图 1-2　"价值""功能"与"作用"间的关系

2.价值的生成机制

在进行价值定义之前，我们有必要阐释价值的产生，有关价值产生机制的学说有如下几种（图 1-3）。价值的"本性生成机制"[③]，其内涵为：①价值与事物的先天条件有关，如果事物本身先天不足，就无法达成价值目标；②内隐于事物内部的价值属

---

① 陆杰荣、张佳琳：《马克思价值哲学的出发点解读》，《理论探讨》2016 年第 2 期。

② 邬焜：《价值哲学研究的新境界——〈从理论价值哲学到实践价值哲学〉评介与讨论》，《哲学分析》2016 年第 2 期。

③ 李德顺：《价值论：一种主体性的研究》，中国人民大学出版社，2013，第 25 页。

性都是固有属性，是其客观本性中的基本组成要素。^① 价值的"情感生成机制"^②，其内涵是：①一切我们能感知到的对自身有用的属性都是有价值的，很多价值只能通过"经验"的感知和本身的"第六感觉"进行探索^③；②价值源自情感，一切人认为没有价值的属性是没有意义的属性，不能称之为价值^④；③这与王阳明的"心学"有类似之处。王阳明认为人的幸福感＝效用÷欲望，因此，价值与主体认知有关。要提高主体幸福感，一方面需要提高效用，另一方面需要克制主体过高的欲望。此机制充分体现了人的主观能动性对价值的影响，人的获得感可通过认知改变得到提升。

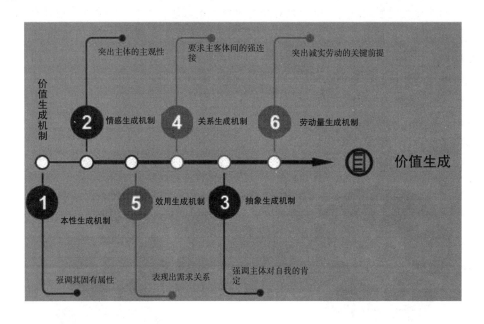

图 1-3 价值生成机制

价值的"效用生成机制"^⑤，其具体内涵为：①价值是"客体属性"满足"主体需求"的"效用"，是"需与求对等"，对等是价值实现的"关键"要素；②客体属性满足需求是"核心要点"；③事物"属性"类别纷繁复杂，价值发挥必须要满足各类、各层次需求。研究发现，该理论的实现条件为：①事物属性纷繁复杂，但如果其属性不能为人所用，或不能满足人类多样化的"需求"，其有再多"属性"也无所用处，

---

① 冯平：《重建价值哲学》，《哲学研究》2002 年第 5 期。
② 韩东屏：《人是元价值——人本价值哲学》，华中科技大学出版社，2013，第 45-49 页。
③ 张曙光：《现代价值哲学：缘起、问题与解析》，《当代中国价值观研究》2016 年第 2 期。
④ 李平、熊飞：《和谐社会视角下体育伦理价值构建的理论分析》，《体育与科学》2005 年第 5 期。
⑤ 王玉樑：《从理论价值哲学到实践价值哲学》，人民出版社，2013，第 274-277 页。

可谓纯属多余；②事物可改变自身属性以服务人类、某一部分群体或个体的特殊需求。价值的"关系生成机制"[1]，其内涵是：①价值由关系生成；②事物联系不是偶然的，因为客体间具备深层次的内在必然联系。研究发现，该理论的实现条件为：①价值建立的基础是事物间的"关系"或"关联"；②主客体间的差异较小，价值关系非常"具体"，在价值实践中能得到运用；③这需要从业者深刻把握与其他社会客体之间的"强连接"和"弱连接"。有益的"强连接"要在主体的努力下持续加强，并对具备价值、被忽视的弱连接进行强化。

价值"抽象生成机制"的具体内涵为：①价值有时"只可意会不可言传"，价值的生成具有综合性；②价值的真正内涵在于某事物的基本属性和在实践中体现的有用性。[2]研究发现，该理论的实现条件为充分满足人由内心深处提出的"高层次愿景"合理性方案。价值"劳动量生成机制"的具体内涵：①价值决定因素是劳动者诚实劳动产生的"劳动总量"；②价值创造需要诚实的劳动；③价值的衡量显然可以采用或简单、或复杂的算式或多元方程；④人付出的劳动总量越高，创造的价值越大。研究发现，该理论的实现条件为：①价值量的衡量要综合各方因素才能得到令人信服的计算方式；②价值的衡量和测算是"数学计算问题"，需采用建模方法。综上所述，构建合理和有说服力的"价值生成机制"需要从以下几方面努力：①以上理论从各维度考虑价值的生成，各有其合理性，但是都不足以说明价值的本质；②价值研究需要在考虑各学科关于价值的合理论述后进行系统性概括。[3]

3. 本文价值界定

价值的界定需要考虑多个维度的因素，既要考虑是对谁的价值，又要考虑价值生成过程。进入 21 世纪以后，关于价值的研究有以下表述："主体在实践中通过客体存在对主体需要的适应而呈现出综合效益。"由此可见，价值的发生需要主体和客体有针对性的对接，价值生发点是主体需求，需要程度决定满足需求的内生动力，这是价值的衡量标准，而只有能满足需要的客观存在物才具有价值。价值以某媒介为实现平台，研究以"人"为核心的对等关系。从宏观经济学的常识来看，价值是商品中人类的诚实劳动。从交往角度来看，一方与另外一方进行拥有物（也可是虚拟物）交换，交换后双方的价值总量得到增值，社会的价值总量得到提升。从微观经济学角度看，"价值"用货币形式表达是价格，与使用价值存在差异。从作用关系来看，对主体有积极作用的事物都是有价值的。从思想角度来看，能促成"善"的事物都是有价值的。人类所有的价值都是围绕着真、善、美三个要素而展开的，求善是价值存在的

---

① 徐贵权：《价值世界的哲学追问与沉思》，中国社会科学出版社，2012，第 26 页。
② 郝亿春：《洛采与现代价值哲学之发起》，《哲学研究》2017 年第 10 期。
③ 张军：《价值与存在》，中国社会科学出版社，2004，第 107 页。

依附。由于竞技运动以自然性、运动性、竞争性为核心属性，非常强调身体运动对人的效用，因此，本文采用"效用学说"对价值进行阐述。六种角度的价值定义如下图1-4所述。

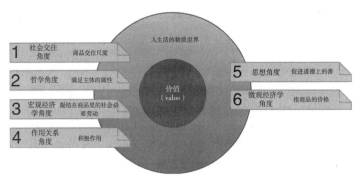

图1-4　六种角度的价值定义

1.2.2　竞技运动概念

1.竞技运动的物质载体

竞技运动作为一种社会活动，不能通过空想而存在，且在人类社会中必然存在相应的物质载体。竞技运动的物质载体由四个有机联系的部分构成：在生活中或专门的竞技活动中参与竞技的人；竞技运动训练过程；竞技运动竞赛过程；竞技运动的外部物质条件，即运动场地、训练器材、运动设备等外在条件。要全面论述竞技运动的组成，最主要的前提是以人为一切活动的出发点和最终的归宿，而具体内容是围绕最重要的构件"人"的活动。从竞技运动的特点分析，以个体和群体出现的主体人是物质载体的主要构成要素，包含两种形式：一是专门化的活动主体，同时也是竞技训练的主体，即运动员和教练团队；二是参加竞赛活动的其他社会参与者。此外，其他要素由竞技活动和物质条件综合构成。竞技活动是竞技运动的重要构件，含活动内容和组织形式两大部分。竞技运动以专门化的身体活动为基本构件，即训练和竞赛活动，同时其形式指竞技活动过程。显而易见，人员、场地、器材、设备、资金支持等是竞技运动组成因素的物质载体。

2.竞技运动项目起源

关于竞技运动起源的现有认知表现在：①人首先要获得基本的生存条件，因此，竞技运动建立在人类原始劳动和与残酷的自然界作斗争的基础之上。②原始人类需要主动制造、使用工具猎杀野兽、耕种土地，那么人在制造和使用工具中就促成了竞技运动的原始雏形。③在冷兵器时代，残酷的军事对抗要求人们不断提高对抗能力，于是为人们在战场上奋勇杀敌做准备的军事体操的发展奠定了竞技运动发展的基础。④自然界处处都涵盖着人类的改造，竞技项目是在人们"顺应自然力量""改造自然环境"中产生的。⑤原始人类总认为有一种超自然的力量在主导着一切，人类在没有解决之道的前提之下只能选择臣服并求得神灵庇护，于是在古代的祭祀活动中产生了竞技运动的雏形。⑥在原始的竞技活动中，人们为了不被自然环境淘汰，努力通过各种求生手段来摆脱自然的束缚，于是竞技项目在人们求生存或提高效率中被创造了出来。由此可见，竞技运动项目起源可能受以下因素影响：生产劳动、获得生存、使用工具、改造自然、军事对抗、宗教祭祀等（图1-5）。

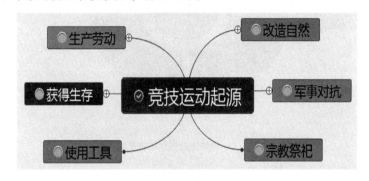

图 1-5　竞技运动起源学说

3.竞技运动概念分析

实际当中，关于竞技运动概念的研究相对较多（图1-6）。关于竞技运动概念核心属性的代表性阐述有：①系统的运动训练和运动竞赛[①]；②以攀登竞技能力高峰或提高成绩为目的[②]；③"发展身体、充分挖掘和发挥体力、心理、智力"[③]；④发挥个人或集体的能力[④]；⑤以娱乐和体力为特征，且在竞技规则的约束下[⑤]；⑥竞争性运动项目的通称。[⑥] 可见，竞技运动概念中的核心要素有系统的训练、发挥个人潜在能力等，而这些要素共同的主语是竞技运动项目。竞技体育与竞技运动的区别和联系非常明显：竞技运动重点落在"运动"二字上，而竞技体育重点落在"体育"二字上；竞技运动是

①　黄序作：《关于竞技运动的归属与体育概念确立问题的探讨》，《武汉体院学报》1982 年第 3 期。
②　周爱光：《对竞技运动概念的再认识》，《中国体育科技》1999 年第 6 期。
③　张泽刚：《"竞技体育"与"竞技运动"之辨析》，《南京体育学院学报（社会科学版）》2005 年第 2 期。
④　张秋宁：《"竞技运动"与"学校体育"再认识》，《天津体育学院学报》2001 年第 2 期。
⑤　任海：《"竞技运动"还是"精英运动"？——对我国"竞技运动"概念的质疑》，《南京体育学院学报：社会科学版》2011 年第 6 期。
⑥　胡亦海：《竞技运动训练理论与方法》，人民体育出版社，2014，第 18 页。

竞争性运动，竞技体育是一种教育形式。具备竞争性的运动形式都可以称为竞技运动，并不局限为高水平竞技运动。由此可见，竞技运动是建立在安全和规则平等基础上，基于职业或业余参与需求，充分挖掘参与者身心能力的竞争性运动的集合。

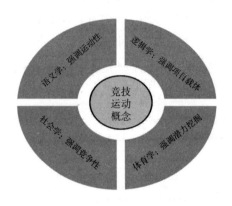

图 1-6　竞技运动概念阐释维度

1.2.3　竞技运动核心价值界定

在人类发展进程中，人们不断创造和改造竞技运动是为了满足自身纷繁复杂的内在需求，挖掘其适应当时时代背景的竞技运动核心属性。竞技运动一开始并不像现在的竞技项目一样复杂，而只是为了满足人们基本的生存需求。然而，随着时代的发展，竞技项目越来越多，人们将改造、发展合二为一，在追求价值中体现其存在的价值，最后创造出了属人的、文化的、价值性的竞技运动形态。价值是涉及人的具象活动，以满足人的各种欲望或需求为载体和最终目标，而要达成该目标，我们就需要创造、改造竞技运动。人们改造竞技运动的意义如下：第一，这是社会生活的基础，且在相关实践中产生了服务与满足的对应关系。第二，促使自身形成对竞技运动价值的态度。人们对竞技运动进行研究时，往往关注它对人自身生活质量提高、职业发展推进、综合能力提升等的积极意义。因此，竞技运动价值主要表现为其对于人的生存和发展的积极意义。竞技运动的积极意义不仅体现在个体或团体中，还体现在社会发展和国家振兴的大义中。因此，竞技运动的价值需考虑个人、团体、民族、国家、国际社会多层次、多维度的积极意义。

价值实现的结果是主客体间映射后相互实现、彼此接近的态势。在竞技运动实践中，客体主体化（项目满足竞争、教育、健体等需求）、主体客体化（人将对竞技运动的愿景施加于运动本身）将利益摄取态势转化为确定关系。综上，竞技运动价值是指主客体间的实践关系，主客体各自的存在决定关系的性质、前途，而竞技主体以各种项目作用于客体，主体按照客体需要加以改造后形成的规则系统作用于客体。由此可见，哲学意义上的竞技运动价值指竞技运动对主体的积极意义，即竞技运动具有的能满足主体需要的本质属性和功能的总和。竞技运动价值具备客观存在和主观反映的双面性。竞技运动主观价值分为竞技运动价值观和竞技运动情感观。竞技运动价值观是人对竞技运动绝对价值的基本认识，竞技运动情感观是人对竞技运动相对价值的基础认识。显然，竞技运动核心价值指竞技运动对主体的核心积极意义，即竞技运动具有的能满足主体需要的核心本质属性及其功能的总和。竞技运动核心价值的延伸价值指的是与竞技运动核心价值紧密关联、相互支撑的价值要素。

1.3　研究综述

1.3.1　国际竞技运动价值研究综述

1. 20 世纪之前的研究

古希腊时期，竞技运动价值主要是围绕"竞技运动的实用性"展开的（表 1-3）。例如，柏拉图的《理想国》中提道：市民以竞技运动项目为载体，通过锻炼拥有坚实的、健硕的基本身体条件，一旦国家遭到外敌入侵便能随时为国奉献出自己的力量。可见在此阶段，竞技运动价值主要表现为保家卫国、强身健体。文艺复兴至 19 世纪中叶，人们主要围绕"竞技运动与道德、精神、智力间的关联"分析竞技运动对人身心教育的价值。例如，斯宾塞在《论教育》中指出：在"完满的生活"的概念设计中，竞技运动的价值就是它直接与促进自我保全紧密相关。可见，此时的竞技运动价值研究开始逐步得到深化，涉的要素开始增多。19 世纪中叶至 19 世纪末，教育家们主要围绕"体育与个人发展"和"体育与社会发展"这两个问题开展竞技运动价值讨论活动，其价值开始涉及人的全面发展。至此，竞技运动价值研究包含了政治、经济、文化、法治、军事、社会融合等多方面内容，但我们需看到竞技运动的教育价值或其对促进人综合能力提升的价值，而这向来是西方竞技运动价值研究的核心命题。

表1-3　20世纪之前西方关于竞技运动价值的阐述

研究阶段	侧重点	共同点	代表人物	代表作	核心观点
古希腊时期	竞技运动的重要性	提升教育对象综合素质的价值	Plato（柏拉图）	《理想国》	市民以竞技运动项目为载体，通过锻炼拥有坚实的、健硕的基本身体条件，一旦国家遭到外敌入侵便能随时为国奉献出自己的力量。[1]
			Aristotle（亚里士多德）	《政治家篇》	通过竞技运动塑造的身体体格和灵魂可以论人的尊卑。[2]
文艺复兴—19世纪中叶	竞技运动与道德、精神、智力等的关系	提升教育对象综合素质的价值	Comenius（夸美纽斯）	《大教学论》《泛智学校》	竞技运动是促进儿童心智提升的极佳方法，竞技运动的课程属于泛智学校课程安排排名第三的必要课程。[3]
文艺复兴—19世纪中叶	竞技运动与道德、精神、智力等的关系	提升教育对象综合素质的价值	Spencer（斯宾塞）	《论教育》	在"完满生活"的概念设计中，竞技运动直接与促进自我保全紧密相关。[4]
19世纪中叶—19世纪末	体育与个人发展、竞技运动与社会发展		Coubertin（顾拜旦）	《法国和英国中等教育制度对比》	竞技运动具有多维教育价值，是人类不断追求完美的最重要的促进因素之一。[5]

2. 20世纪上半叶的研究

20世纪上半叶，在解决"竞技运动在服务于社会的价值"问题过程中，美国教育家约翰·杜威提及：竞技运动的价值在于促进智育、德育发展，如果人们积极参加

---

[1] 王嘉麟：《〈理想国〉中的公民教育思想研究》，硕士学位论文，吉林大学，2016。

[2] 雷美玲、唐永干：《亚里士多德体育思想之研究》，《南京体育学院学报（自然科学版）》2012年第5期。

[3] 葛梦园：《夸美纽斯体育教育思想对中国学校体育的传播与借鉴研究》，硕士学位论文，浙江师范大学，2014。

[4] 斯宾塞：《斯宾塞的快乐教育》，颜真译，海峡文艺出版社，2002，第91页。

[5] 顾拜旦：《奥林匹克理想——顾拜旦文选》，詹汝琮、邢奇志译，奥林匹克出版社，1993，第24页。

竞技运动，那么针对他们的智、德两育自然可以圆满。可见，竞技运动可作为智育和思想道德教育的推进器，这与毛泽东的"德智皆寄于体"有异曲同工之妙。竞技运动蓬勃发展，人人身体健康，社会才有发展。因此，基于杜威思想的竞技运动实用主义思想曾在 20 世纪上半叶非常流行，并风靡世界。竞技运动能够促进社会交往，而且苏联的一些教育家特别推崇竞技运动对培养人的集体精神和爱国主义精神的价值。竞技运动，特别是高水平的竞技运动，基于团队项目可以潜移默化地促使民族凝聚力和战斗力显著增强。马卡连柯提出了通过竞技运动和集体劳动来教育儿童的方法，并经过不断探索和艰苦工作促使数千名少年犯参与到了竞技锻炼中，而他们最终成为国家的有用之才，彻底改变了自身命运。可见，竞技运动对青少年有意想不到的教育价值。

凯洛夫认为："学校的首要任务是授予学生自然、社会和人类思维的知识，培养运动技能、技巧。"这是典型的素质教育思想，即教育不能单纯地进行知识灌输，而要促进学生创新思维能力的提升。他是 20 世纪四五十年代苏联教育学的重要奠基者之一，在马克思"促进人的全面发展理论"的基础上，赋予竞技运动鲜明的价值取向，即竞技运动有利于培养健康的、强有力的、坚强的、有工作能力的以及捍卫社会主义祖国的青年一代。由此可见，此阶段的竞技运动价值开始向多维、全面的方向发展。苏霍姆林斯基是苏联著名的教育家、理论家和思想家。他主张通过竞技运动在集体教育中培养全面和谐发展的新人，他认为竞技运动是培养人的有机组成部分，"我们应该尽力使竞技运动操练变成人们的享受，变为机体的需求。人们从事运动不应当只是为了在竞赛中取得成绩，而是为了培养体魄"。苏联教育家的竞技运动思想以社会主义政治制度为依托，以共同的理想为基础，他们关于竞技运动的论述曾被其他国家学习。

3. 20 世纪中叶—20 世纪末的研究

20 世纪中叶开始，竞技运动研究中的个人价值和社会价值开始紧密结合。法国人保罗·朗格朗提出的终身学习理念渗透了关怀生命、促进人类幸福安康的思想。朗格朗在《终身教育引论》中指出：人的发展不是阶段性的，而是长期性的，竞技运动和终身教育应该结合起来，同时从单纯的身体运动中抽象出来，与智力、道德、艺术、社交等活动充分融合。在具体价值内容上，美国威斯康星大学教授劳伦斯·帕特里克概括的积极意义包括：促进身体发育、拓展本国文化、增加技能储备、提供情感中介。在英国，培养年轻人心理、精神、身体、文化价值的内容可在 2000 年国家课程方案中找到。2000 年，英国为所有学校提供了共同的国家课程内容体系，对包括竞技运动在内的学习内容进行了整合。其中，学校竞技运动的发展方向是拥有覆盖身体机能知识且适宜的运动内容，以及满足人们在舞蹈、体操、游泳及团队项目等方面的兴趣需求。然而，约翰·怀特指出，专业化竞技运动项目体系并不利于实现统一的竞技运动目标。

4. 21 世纪以来的研究

进入 21 世纪后，关于竞技运动价值的研究增多。但总体看来，价值的研究主要围绕着价值的本质、主客体之间的关系以及价值的生成过程展开。价值本身带有一定的主观性，因此，竞技运动的价值在不同的研究者看来含义不同，有时甚至会形成相反的答案。在国际范围内，许多学者专注于从职业竞技运动的本质和运动竞赛的商业价值来研究经济效应，如欧洲学者通过建构数学模型计算"虚拟价值"的定量分析，用数学公式或线性回归方程计算权重。有学者通过权重比较发现了各类项目针对民众的分类、分层价值。数学是最精确的语言，用此来衡量价值就有点经济学的意味了，但是在对其进行衡量时，很难找到合理的计算方式。用"数学"模型建模时要用到数学、体育学、经济学原理，以对"虚拟价值"进行权衡和量化。在"建模"前，我们要有说服力的理论作为构建基础，构建模型必须有一定的实用性，能为竞技运动实践服务。另外，模型的构建需要重点考虑竞技运动价值的分层、分类特点。有学者分析了竞技运动的"观赏性"带来的经济价值，而且研究后发现价值发挥需要我们提高具有广泛群众基础的足球、篮球、拳击等的表演价值。这种观点主要 认为竞技运动就是一场表演，既然是表演，就需要从演艺和艺术的角度进行合理解读，这有一定的道理。有经济学者提出竞技运动其他价值的实现要求我们先促进高水平竞技运动的良性发展，高水平竞技运动的发展能带动大众竞技运动的持续发展。因为高水平竞技运动领域的运动员退役以后可为大众竞技运动的发展提供技术支持。此类观点有系统思维，它把竞技运动的全程放到社会的大熔炉中进行考量，在衡量中考虑到了竞技运动系统的各个要素，因此具有合理性。

有学者探讨了竞技运动的分层、分类价值：①竞技运动价值有"竞争精神价值""赛事经济价值""运动文化价值"及"心智提升价值"等。②竞技运动价值要素随着时代的发展一直处在动态变化之中，要想优化其价值，我们需要深刻剖析竞技运动所处的场域背景、时代背景、人文背景、经济发展背景等。③价值问题是复杂问题，可量化价值可以采用数学的方式进行计算，然而社会化、教育性、精神化的价值无法用具体的数字来表达，必须用其他合适的方式表示。有部分学者专注于研究"竞技运动价值实现路径"与"实现过程中异化"的问题，如有学者从竞技运动的相关问题出发，探讨了促进高水平竞技运动和谐、健康、可持续发展的手段和推进策略。④不同类型和层次的竞技运动价值。如有学者探讨了竞技运动对"青少年"的价值，具体价值要素不但表现为健身价值、对于心智的价值，而且表现为促进青少年人格健全方面的价值。

有学者论述了精英竞技运动价值实现的基础要素，即我们要想使精英竞技运动进入良性循环，就必须让竞技主体的价值得以实现，促进竞技运动可持续发展。有学者分析了高水平竞技运动中的唯金牌论和锦标主义，于是认识到对功利的追求会使我们忘记为何出发，过分追逐名利会把竞技运动带入尴尬的境地，使其无法和谐、可持续发展。因此，竞技运动的发展必须回到运动本身，价值异化会将竞技运动引向歧途。有学者分析了不同竞技运动项目对社会发展的具体价值差异。有学者研究了优秀运动员对于竞技运动价值的认知，发现不管是大众体育还是职业运动，运动本身给予人们乐趣是竞技运动最重要的价值。不同竞技项目的价值存在较大差异，体能类体现"奋斗精神价值"，技能类则体现促进心智发展、人格提升、对抗能力拓展、体能提高等价值。我们要优化竞技运动价值，需要专注于以下几点：①提高竞技产业的经济开发力度；②要完善制度，使责、权、利明确和合理，促进俱乐部发展壮大。俱乐部的发展壮大可以极大地提高体育人口数量，促进更多的人参与竞技运动。

1.3.2　国内竞技运动价值研究综述

1. 20 世纪 50 年代之前的研究

在我国，清末及民国时期已有研究者开始涉猎竞技运动价值的研究。王国维的"三育"、蔡元培的"四育"、杨贤江的"造就完全人格"都从教育的角度指出了竞技运动对培养人的道德品质、心智能力的重要价值，这对人们在现代教育萌芽时期认知竞技运动的重要价值起到了启蒙作用。前人虽然没有全面研究竞技运动价值体系，但都促使竞技运动价值的基本脉络得以形成。人们要想发挥竞技运动的价值，就需要对身体这一载体进行修炼。竞技运动一方面能强健人的体魄，促进人身体康健；另一方面能使人的精神处于饱满状态，充满活力。没有健全的身体条件，人们也就不可能有健康而完善的人格。

2. 20 世纪 50 年代之后的研究

在朱元善的有关研究之后，有数位学者论及竞技运动的价值，如宋君复的论著《体育原理》中"体育目的"部分就论及竞技运动的价值。他指出竞技运动除了有增强体能，促进动作协调、身体敏捷、身姿优美等基础价值，还能促进人的品性和人格的提升[①]。可见，在当时社会生产力不高的条件下，竞技运动价值的研究也已开始涉及个人、团体、民族的发展，相关理论和实践还是得到了一定进步。到 20 世纪 80 代末，有少数学者开始重新关注竞技运动价值的研究。例如，程志理 1987 发表在《体育与科学》杂志上的《体育文化研究应以体育运动的价值选择为重点》指出体育文化的繁荣要以运动价值实现为突破口[②]。从 1986—2015 年竞技运动价值研究文献统计来

---

① 宋君复：《体育原理》，商务印书馆，1933，第 13 页。

② 程志理：《体育文化研究应以体育运动的价值选择为重点》，《体育与科学》1986 年第 6 期。

看，价值研究有逐步增多的趋势，竞技运动研究、竞技运动价值研究文献从 2005 年起，有增长趋势（图 1-7、1-8、1-9）。进入 21 世纪后，随着价值研究的不断深入，价值研究的深度和广度也不断增加。

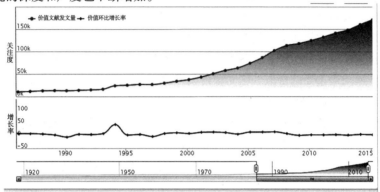

图 1-7　1986—2015 年价值研究文献发文量统计（基于中国知网）

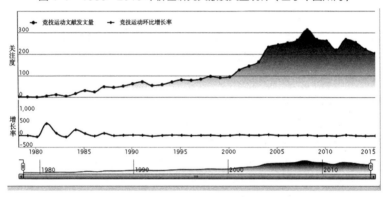

图 1-8　1986—2015 年竞技运动研究文献发文量统计（基于中国知网）

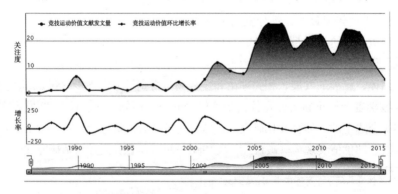

图 1-9　1986—2015 年竞技运动价值研究文献发文量统计（基于中国知网）

众多学者对竞技运动价值的本质及其如何实现进行了探讨。例如，《竞技运动主体的价值探微》指出：在高水平竞技运动发展时，我们不但要注意竞技运动给我们带来了何种益处，而且要注意竞技运动主体的身心健康和利益保障，这样才能促进其可持续发展。[①]《学校体育中的竞技运动及其价值》[②]中指出：学校竞技运动也需有竞争元素相伴，但绝大部分的学校却忽略了竞技运动中竞争元素对学生素质的重大影响。当今绝大部分学校的体育教学活动都较注重整体性、完整性，却忽略了组织竞赛活动和提高学生对抗能力的必要性。此类文献强调两点：①以竞技运动本体特征为生发点探讨其本质属性与价值；②各层次的竞技活动都涵盖"竞争元素"，而且竞技运动价值的实现离不开对其本质的挖掘。

我们需从哲学维度探讨竞技运动价值及其如何实现。《竞技运动主体内层结构的哲学阐释》[③]指出：哲学维度的"主体"和"客体"是相对的概念，在运动训练中，主体指的是运动员和教练员团队，客体是运动员通过艰苦训练获得的竞技能力，竞赛主体是运动员和组织团队，客体是观赛的观众。《竞技运动在学校体育中存在的形式和价值》[④]指出：竞技运动获得多方支援后，其价值方能顺利实现。《竞技体育的价值研究》指出竞技运动是围绕竞技能力进行的竞争性活动，而在竞技运动实践中，客体多层次、多维度的需求需得到满足。[⑤]《论竞技体育的价值主体和价值客体》[⑥]指出：价值实践的主体是整个教练团队和管理团队，接受竞技运动的"受众"是客体，由于对象差异，"主体"和"客体"在不同的语境和场域条件下会有所变化。此类文献的内容重点在于：①竞技运动主体在价值形成过程中起主导作用，所以我们需要先分清主客体的关系，以促进竞技运动价值实现；②竞技运动价值涉及多方因素，所以只有综合考虑各种因素，并调动各方积极性，我们方能促进其价值实现。

我们有必要对竞技运动的文化价值要素、精神价值要素、教育价值要素、经济价值要素、运动价值要素、政治价值要素、外交价值要素、军事价值要素等进行探讨，但由于后续研究需要对竞技运动价值要素进行提取，因此不在此处赘述。下面以竞技运动的文化价值、经济价值要素为例进行说明。例如，在竞技运动的文化价值研

---

① 宋旭、曹春宇：《竞技运动主体的价值探微》，《军事体育进修学院学报》2005 年第 4 期。

② 王登峰：《学校体育中的竞技运动及其价值》，《体育教学》2016 年第 11 期。

③ 曹春宇、宋旭：《竞技运动主体内层结构的哲学阐释》，《南京体育学院学报（社会科学版）》2006 年第 2 期。

④ 张忠：《竞技运动在学校体育中存在的形式和价值》，《沈阳体育学院学报》2006 年第 2 期。

⑤ 颜天民：《竞技体育的价值研究》，《体育科学》2000 年第 1 期。

⑥ 颜天民：《论竞技体育的价值主体和价值客体》，《体育科学》2004 年第 10 期。

究中,《社会转型期竞技体育中的人文价值研究》[1] 指出:中国的发展日新月异,人们对竞技运动的认知和对竞技运动价值的认识发生了革命性的变化。竞技运动文化从属于社会文化,随着中国综合国力的提升,竞技运动文化在中国发生了多维度的微妙变化。[2]《竞技运动价值研究》指出:竞技运动文化的构成涵盖了物质文化、精神文化以及制度文化。该类有关竞技运动价值研究的文献争论的焦点在于:①竞技运动文化由于其运动等属性而独树一帜,它与其他社会文化进行比较有何差异和本源要素;②竞技运动文化由物质文化、精神文化以及制度文化三个要素构成,而对于除此之外的文化要素,我们需挖掘其本质属性后再进行分析。

在针对竞技运动经济价值要素的研究中,《论竞技运动员人力资本与产权价值》[3] 指出:运动员的人力资本价值具有"竞技运动价值实现的阶段性""经济价值的滞后性""竞赛价值的短暂性""竞技比赛过程的风险性""损伤后风险的放大性"和"经济收益多维性"等显著特点。《我国职业运动员经济价值评价研究》[4] 提到运动选材是竞技运动开展的"贮备性条件",竞技运动价值表现在以"增强国家综合国力和影响力"为精神内核、以"竞赛的表演市场需求"为内在动力的经济运行过程中。此类文献的争论点在于:①竞技运动的经济价值与原始成本、折旧成本、时间成本、短期收益、长期收益、收益周期、利润率等经济学要素相关,所以要实现竞技运动的经济价值,我们就需要周全地考虑这些要素;②竞技运动的经济价值有其特殊性,有些经济价值可以很快测算出来,然而有些经济价值却需要很长时间才能实现,如奥运会的短期收益很快就可以体现出来,并可以通过实际测算得到相对准确的数字,但是其长远价值却需要很长时间才能显现出来。

1.3.3 竞技运动价值研究文献述评

针对竞技运动的价值,不同的研究者,其研究重点不同。这些不同与其文化背景和社会形态差异有密切关联。国内外研究提示竞技运动发展与多种因素相关联,经济、文化、军事、科技、教育、宗教和法治等深刻影响其价值实现,所以我们在研究竞技运动价值实现时就要综合考虑各要素间的关联性。国内外相关研究提示竞技运动价值观会影响政策的制定和执行,因为决策者的判断会受到"价值观念"的影响。竞

---

① 章淑慧:《社会转型期竞技体育中的人文价值研究》,《湖南师范大学教育科学学报》2006 年第 5 期。

② 李杰凯、张连江:《论现代竞技运动价值观及评价体系的逃离》,《上海体育学院学报》2002 年第 4 期。

③ 董伦红、张得保:《论竞技运动员人力资本与产权价值》,《武汉体育学院学报》2007 年第 10 期。

④ 曹杰:《我国职业运动员经济价值评价研究》,硕士学位论文,中央财经大学,2010。

技运动价值追求有"个体和团体的差异"，但总体而言会受到综合价值观的影响，所以我们有必要在甄别"核心价值要素"后对主流价值观进行合理引导。

当前的研究提示竞技运动发展中出现了很多异化现象，研究者要全面、客观、综合、准确、辩证地看待与竞技运动相关的各种"争论"，为其核心价值观的形成奠定坚实的基础，为其价值实现提供指导，最终总结出具体的促进竞技运动价值实现的科学方式。国内学者所进行相关研究存在的主要问题有：①并未从多学科、多角度解析竞技运动的价值问题；前人对竞技运动价值的研究只涉及哲学和经济学两个维度，而竞技运动价值问题显然是复杂的，涉及多种因素，所以我们有必要深入剖析其价值结构便以从多学科入手进行建构。②未分析竞技运动价值形成的具体机制；解决了竞技运动价值从何而来的问题以后才能更加明确地为其价值实现指明方向。③并未构建竞技运动价值结构的全貌。竞技运动的价值结构尚未建立，而为改变这一现实，建立合理价值结构，我们需要综合考虑竞技运动价值本质和当今社会之间的关联。国外学者研究存在的问题：①只是对竞技运动价值要素进行简单的罗列；②采用定量分析研究的学者较少；③对价值结构和要素的概括和提炼不够。

1.4　目的与意义

1.4.1　研究目的

竞技运动价值研究的总目的是充分挖掘竞技运动的价值，具体目的包含五个方面：①促使中国竞技运动价值观念与国际接轨。本研究分析国际范围内的竞技运动价值观念和价值要素，同时针对我国长期"竞技运动整体价值"认知缺失提出应对方略，旨在让竞技运动更好地发挥"自身价值"，为国家经济和社会发展服务。②阐释竞技运动价值要素中被忽略的重要价值因素。竞技运动发展过程中忽略了其对个人发展的巨大价值，因此，对竞技运动价值要素进行查漏补缺也就成了相关研究的目的之一。③厘清有关竞技运动的各种价值争论。任何事物都有"两面性"，竞技运动同样有其异化现象，因此本研究采用辩证唯物主义的观点看待争论，通过竞技运动价值的本质属性辨别各种争论。④触发更多的人热爱竞技运动。竞技运动发展中不可避免地会受到"不良因素"干扰，使普通人对其产生误解，而本文力求本质解构后还竞技运动以本来面目。⑤建言竞技运动发展路径的优化。竞技运动价值研究的最终目的是探寻最优化的价值实现途径，而与之相关的研究议题是核心价值结构及其发展优化的问题。

1.4.2　研究意义

竞技运动价值研究的意义分为理论意义和实践意义，其中理论意义表现在：①以前只是"笼统"地研究"整体价值"，本研究采用"数理统计"方法对竞技运动具体价值"结构"和"要素"进行分层和归类，是对竞技运动价值结构体系的重新构建和解析。②竞技运动的价值本质、特征、生成机制研究将解决竞技运动的基础理论问题。竞技运动价值研究虽然早已开始，但是其价值理论依然处在相对模糊的阶段。因此，明确现阶段的竞技运动价值要素有利于更好地进行竞技运动价值判断，为其发展改革提供依据。竞技运动价值研究的实践意义表现在：①有利于纠正当今社会关于竞技运动价值认知的误区，推进竞技运动价值相关研究，为竞技项目更好地实现价值服务。竞技运动实践的很多价值追求都无意义，或舍本逐末，而路径优化可以改变"摸着石头过河"的现状，可以更好地为社会发展服务。②在研究竞技运动分层、分类价值时，本文为其"功能""意义""战略""规划""方针"和"发展路径"研究提供参考。竞技运动的价值是基础性问题，其他问题与此相关，本研究为其他研究提供借鉴。

1.5　本章小结

1.5.1　竞技运动价值的历史背景

竞技运动价值在不同的历史时期具有阶段性、本源性和时代性特征。现实背景：国际竞技运动价值的发展面临改革危机和发展困局。实践背景：竞技运动价值实践并未考虑到其分层、分类问题，容易将其引入歧途。理论背景：国家社科两次将竞技运动价值纳入指南项目，且当今竞技运动理论相关教材缺乏对此板块的深入研究。

1.5.2　前期专家学者有关竞技运动价值研究的欠缺

前期专家学者有关竞技运动价值研究的欠缺表现在本质属性、价值结构、分类价值、定量研究等方面。竞技运动价值研究的目的为回应争论、价值接轨、查漏补缺、价值优化。竞技运动价值研究的意义为构建分类价值体系，解构结构价值要素，厘清基础理论问题，推进价值认知深度，挖掘深层价值要素。

第2章　竞技运动价值的研究设计

2.1　竞技运动价值研究的学科基础

2.1.1　哲学基础

　　价值问题是涉及复杂因素的理论问题。古往今来，众多学者通常从多个角度来研究竞技运动价值问题，而想要从较高高度来分析该问题，我们需要从哲学维度来探索竞技运动的价值来源、生成机制、价值客体、价值本质、价值主体、价值功能、价值要素、价值结构、价值分层等理论和实践问题。然而，哲学方面有很多理论问题至今都未解决，很多问题可能最终也无法彻底解决，我们只能随着人类认识的深化而不断接近问题的真相。本文拟从苏格拉底的哲学问题出发进行类比，从而提出本文的问题。苏格拉底（公元前469—公元前399年）是古希腊影响深远的哲学家之一，他与柏拉图、亚里士多德被称为"古希腊三贤"，被人们认定为西方哲学的奠基人。他在历史上提出三个经典问题：其一，我是谁？其二，我从哪里来？其三，我去往何处？这三个问题可以说是哲学领域的终极考题，是考察人类智慧的终极问题。诚然，这三个问题主要是对人类自身的考问，但本文以此为出发点，把苏格拉底三个问题中的"我"泛化为自然存在中的竞技运动，以此来探讨其价值问题（表2-1）。

表2-1　竞技运动价值研究的哲学基础

哲学问题	价值问题	拟解决问题
"我是谁"	竞技运动价值是什么	竞技运动价值的本质、结构、要素及价值链

续表

哲学问题	价值问题	拟解决问题
"我从哪里来"	竞技运动价值的历史变迁	竞技运动价值的历史流变
"我去往何处"	竞技运动价值去向	竞技运动价值的实现路径、竞技运动的发展导向（通过对照价值链发现价值缺失）

2.1.2　社会学基础

竞技运动是文化现象之一，竞技运动价值的实现离不开社会，且必须满足社会的需求和时代的呼唤。社会学基础问题包含了社会及构成、人的社会化、社会阶级分层与流动、社会问题、社会变迁等内容。竞技运动价值的充分实现离不开社会学相关原理，竞技运动的价值实现是动态过程。竞技运动属于社会文化的范畴，其价值的实现不能闭门造车，而需要与社会的运行紧密结合。竞技运动的价值特点、核心价值、本质属性等都需要以社会学原理为基础进行解构。随着国际社会环境的不断变化和发展，竞技运动满足社会需要的属性正发生微妙的变化。因此，建构竞技运动的"核心价值"及其构成要素有显著的社会意义，具体来说，在精神价值、教育价值、运动价值等的建构中，我们需要考虑社会时代背景对竞技运动提出的诉求。另外，我们只有将案例放在具体的社会环境中进行分析，才能探得竞技运动价值的本质属性（表2-2）。通过大样本调查获得研究结果，可倒推竞技运动发展中存在的问题，最终发现社会问题、分析社会问题、解决社会问题。

表2-2　竞技运动价值研究的社会学基础

社会学问题	价值问题	拟解决问题
社会本质	竞技运动的社会价值是什么	竞技运动能满足社会需求的价值
社会需求	竞技运动的核心价值是什么	调查竞技运动价值的权重并加以分析
社会发展	竞技运动如何促进社会发展	竞技运动促进社会发展的价值

2.1.3　体育学基础

竞技运动价值研究需要以体育学科相关知识为分析与构建的基础（表2-3）。体育学三大门类分离出来许多独立的学科，形成了体育类的学科群组。具体学科群可分为三大板块：①体育的基础学科群；②与体育密切相关的实践学科群；③体育的社会学科群。竞技运动价值的研究需涉及上述学科中诸多亚类学科问题。例如，体育理论基本问题涵盖了体育分层、分类，而竞技运动价值涉及其分层和分类问题，纷繁复杂的竞技运动项目价值有了明显差异。同时，职业竞技运动、社会竞技运动以及学校竞技运动显现出明显的差异性，为了对它们的价值进行甄别，我们需要从三种不同类型竞技运动的本质特点切入探知其价值本质及实现过程。竞技运动的独特性表现出竞技运动的本源价值，本文以体育学中体育本质属性为研究的生发点，结合竞技运动的本质属性推导其价值的独特性及其本源性。竞技运动价值实现体现出强烈的实践性特征，竞技运动项目的所有表现形式都以身体运动为载体，而且价值是围绕人的效用分析。因此，关于竞技运动价值的深入研究需要广泛地收集价值案例，并找到最贴切、最经典，且获得社会广泛认同的价值案例。

表2-3　竞技运动价值研究的体育学基础

体育学问题	价值问题	拟解决问题
体育分层	竞技运动价值如何分层	竞技运动的价值结构
体育的本质属性	竞技运动价值的独特性	竞技运动的本源价值
体育的实践性	竞技运动价值有哪些案例	竞技运动价值案例（最贴切、最经典，且获得社会广泛认同）

2.2　竞技运动价值研究的基本思路

竞技运动价值调查及竞技运动价值链形成应本着有理、有据及广泛的调查和求证思路进行（图 2-1），具体过程是：①竞技运动价值调查主体通过阅读文献和向专家求证，初步构建结构及其要素，具体研究文献包含价值研究、竞技运动研究、竞技运动价值研究等相关专著和文献，专家求证对象包含竞技运动领域的专家、教练员、体育教师等；②通过分析主体验证结构的合理性，分析主体包含了本文的研究人员、专家访谈和调查问卷所涉及的专家和被调查的各层次的教练员，以及竞技运动"客体"（即"非竞技运动从事者"）；③运用"层次分析法"和"主成分分析法"进行核心价值链环甄别和四级层次核心要素分析活动；④通过专家访谈和问卷调查得出相对合理的结论；⑤本研究把竞技运动的价值要素分为了 4 个层级，同时划分出 8 个二级要素、24 个三级要素和 72 个四级要素，这 72 个四级要素共同构成了区块链价值要素；⑥通过对调查进行统计，可以确定二级要素中权重较大的横向价值链环为核心价值要素，同时，对价值结构四级要素进行累计百分比式分析，以确定纵向区块链的核心要素。

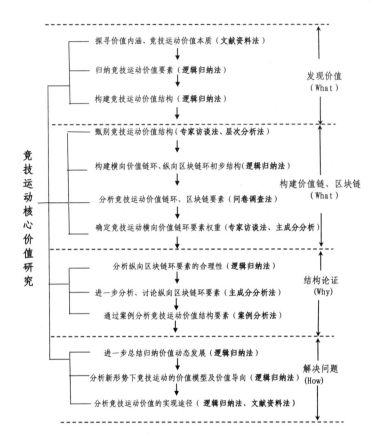

图 2-1　竞技运动价值的研究路线

2.3　竞技运动价值研究的基本方法

竞技运动价值的研究方法如图 2-2 所示。

竞技运动核心价值研究方法

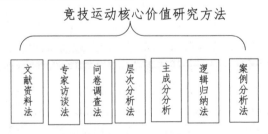

图 2-2　竞技运动价值的研究方法

2.3.1　文献资料法

文献资料法指通过查阅和收集文献，引用何谓价值、价值形成机制，何谓竞技运动，何谓竞技运动核心价值递进维度，以探知竞技运动价值的本质及其结构要素。查阅重点涵盖了竞技运动精神价值、教育价值、经济价值、文化价值等，同时还有价值本质、价值生成机制、竞技运动核心价值相关研究内容。我们通过中国知网（含中文文献和外文文献）、百度学术搜索、Google 学术搜索查阅了 516 篇文献，同时在图书馆查阅了与价值研究相关的专著 50 余本，进而对价值结构纵向区块链进行了深入分析。针对本文的竞技运动价值实现部分，本研究还查阅并参考了新华网、搜狐体育、新浪体育、凤凰体育等网站体育评论部分的内容。我们在采集文献前先进行了精挑细选，确立了"价值""竞技运动""竞技运动价值"等关键词，接着才开始在数据库中进行查找。在此基础上，我们将文献按照相关度依次排列，对参考文献中近五年发表的核心文章高度关注。文献收集的维度集中于价值研究、竞技运动本质属性的研究、竞技运动价值研究和竞技运动核心价值要素分析。文中核心观点的总结为本文核心价值和延伸价值要素研究提供了依据。

2.3.2　专家访谈法

竞技运动核心价值研究需要有充分的"智力咨询"，依托专家访谈的竞技运动研究需从以下角度展开：①运用专家访谈把竞技运动的价值分为数个层次，在文献收集的基础上总结出精神价值、经济价值、文化价值、教育价值、运动价值等十余个与竞技运动价值密切相关并体现时代性的要素，但因为此类要素还不足以成为真正的价值要素，所以我们还需通过专家访谈逐步剔除不相关的要素，剩下数个能成为竞技运动价值结构主成分的要素；②在竞技运动价值构建过程中，我们还访问了部分专家，本着体现"逻辑性"和"缜密性"，充分体现其"本质特点"的原则，使价值要素逐步靠近价值本质；③预先构建好竞技运动价值结构，然后提请专家审定，通过多轮的反复论证使其价值链中的要素更加客观、准确，具备代表性；④审定好以后，与问卷相结合进行竞技运动核心价值要素计算，并以此进行跟进研究。本文从内容框架设计到指标的选取都向华中师范大学、武汉体育学院、上海体育学院、复旦大学、东华大学、北京体育大学、国家体育总局等部门的部分专家、奥运会冠军、国家级教练员进行了咨询，为价值结构的建立奠定了基础。

2.3.3　问卷调查法

对于问卷调查的样本，需要强调的是，由于参加训练和竞赛的教练员既是竞技运动的主体，又是客体，且是在竞技运动实践中感受"最为深刻"的客体，对竞技运动有着最为深刻的认知，因此，教练员是调查研究中的主体样本。本文调查的对象有：①参加教练员培训的高级、中级以及初级教练（见附录）；②部分高校教师；③公司、企业工作人员，私营业主等；④其他非竞技运动参与人员。在对问卷进行设计之后，在各层次的教练培训班中发放《竞技运动的价值问卷》共计265份，回收259份，其中有效问卷236份，有效率约为89.1%；在公司、学校、企事业单位中发放问卷70份，回收69份，其中的有效问卷为68份。最终回收问卷总量为342份，其中318份有效（表2-4）。所有被调查人员分布在27个省及直辖市，区位含中部、东部和西部，因此，调查结果具备较好的代表性。在参阅大量有关，竞技运动价值研究文献、反复征询专家意见的基础之上，根据专家意见修改多次后形成问卷，本文运用克伦巴赫系数对其进行效度检验，其效度为0.835，用肯德尔和谐系数（Kendall coefficient of concordance）计算调查信度。

表2-4　问卷发放与回收情况

内容	体育专家	国家级教练	高级教练	中、初级教练	高校教师	中学教师	单位职工	私营业主	合计
发放份数	15	25	119	121	10	5	45	10	350
回收份数	14	22	118	119	10	5	45	9	342
有效份数	14	20	107	109	10	5	45	8	318

对价值结构加以评价的第一步是建立评价体系（表2-5），然后我们需要采用问卷方式对结构进行调查、论证。其中，关键步骤是在论证前对评价主体进行信度考察。肯德尔和谐系数是测量评分者信度的一种方法。当多个竞技运动价值变量值以等级序号进行排列时，肯德尔提出的计算多变量间一致性程度的标量被称为肯德尔和谐系数，其评价信度（scorer reliability）表现了评价者评价对象所得结果的可靠程度。

表2-5　评价主体的一致性程度评价表

要素 n=6	专家 k=5					R	R^2
	1	2	3	4	5		
A	4	5	3.5	5	4	21.5	462.35
B	1	1	1.5	2	1	6.5	42.25
C	2.5	2	1.5	2	1	10	100
D	2.5	2	5	2	2	25	625
E	6	5	3.5	4	5	14	196
F	5	5	6	6	6	28	784
总和						105	2 168.6

本文的评价方法基于系统分析各个变量之间的本质联系，分析调查对象对调查内容的细致程度，其计算方法如下：

$$r_w = \frac{ss_R}{\frac{1}{12}K^2(n^3-n)-k\Sigma T}$$

其中，r_w 代表的是和谐系数的最后结果，K 代表被调查的专家样本数量值，n 则指各竞技运动结构调查要素，S 指的是 K 个等级的离均差平方和。

$$r_w = \frac{ss_R}{\frac{1}{12}K^2(n^3-n)-k\sum T} = \frac{2168.6-\frac{103^2}{6}}{\frac{1}{12}\times5^2\times(6^3-6)-5\times5.5} = 0.892$$

r_w 的值为 0.892，故主体可信度较高。

2.3.4　层次分析法

本研究采用层次分析法将竞技运动价值结构的多目标复杂决策问题作为系统，将目标分解为多个目标或准则，进而使其分解为多指标（或准则、约束）的若干层次，通过定性指标模糊量化方法算出单排序（权数）和总排序，以作为多指标、多方案优化决策的系统方法。层次分析法是将决策问题按目标、子目标、评价准则分解为不同的层次结构，然后用求解判断矩阵特征向量的方法。求得每一层次各元素对上一层次某元素的优化权重值，最后再加权和方法递阶归并各备择方案对总目标的权重，最终权重最大者为竞技运动价值结构的最优方案。竞技运动价值体系方案运用层次分析法进行管理方法决策和择优，益于实现定性问题定量化。研究以竞技运动价值要素和价值结构为载体，在专家调查后对所得调查结果进行赋值，从而将定性问题转化为权重。本文采用层次分析法解决的主要问题为竞技运动价值结构的优选。

2.3.5　主成分分析

在前期的核心价值链条确立中，我们需要采用主成分分析法进行测量。在研究设计中，每项价值链的纵向竞技运动价值四级要素包含 9 个价值要素，这 9 个价值要素虽然处在相同的横向价值链环之中，但是它们的重要性却有较大差异，故本文采用主成分分析法来甄别四级要素间的重要性差异。研究采用等阶分配数值的方式对层次要素进行赋值，采用主成分分析法分析各个竞技运动纵向区块链环四级要素的权重要素数值。换言之，即在数值变换之中保证变量的总体方差不发生变化，使首次变量具备最大的方差值。作为竞技运动价值区块链四级要素中的第一主成分，第二变量方差值排在次位，称为第二位的主成分，以此推算。其中，L_i 成了 p 维正交化向量的最后值（$L_i*L_i=1$），Z_i 间按方差的大小依次排位，则称 Z_i 为 X 的首要要件。设定 X 的具体协方差矩阵的最后值是 Σ，则 Σ 的确定值是半正定对称的矩阵，按大小顺序进行计算而求特征值 λ_i 的大小及其特征的向量。由此推导，λ_i 对应的正交化的向量值，即为首个主成分 Z_i 所映射对应的向量 L_i，Z_i 的方差贡献率用 $\lambda_i/\Sigma\lambda_j$ 来表达。计算过程采用 SPSS16.0 进行。

2.3.6 逻辑归纳法

逻辑指事物发展的先后顺序，本文的基本逻辑是从竞技运动价值结构要素的寻找和求证开始，逐步构建价值结构的草案，通过专家访谈促使竞技运动价值结构要素逐步往符合竞技运动本质特征的方向靠拢。通过专家访谈和广泛调查，我们可以分析竞技运动核心价值要素，分析竞技运动纵向价值链之间的关联，找出要素之间的必然联系。基于案例分析辅助，我们可以综合分析当今竞技运动价值要素的缺失，了解时代对竞技运动理论和实践提出的更高要求，推导竞技运动价值的实现路径。在此竞技运动价值分析过程中，我们必然用到基本推理方法。现代归纳和逻辑推理（"What—Why—How"）被广泛应用于逻辑推导中。本文采用的逻辑归纳法体现在：①本文以熊立文编著的《现代归纳逻辑的发展》（The Development of Modern Inductive Logic）中的立论为理论基础。②结合竞技运动发展实际，竞技运动价值研究通过大样本调查推导出核心价值，而后续价值要素采用 3W 逻辑构建，即以"What—Why—How"逻辑方式构建本文的逻辑结构。③研究由"What+Why"部分做好铺垫，最后由"How"的部分来解决问题。

2.3.7 案例分析法

竞技运动价值的实现体现出显著的实践性、以身体作为载体的基本特征，因此，我们通过鲜活的竞技运动价值实现案例可以引发思考，促进竞技运动实践的创新与变革。通过论文、著作和互联网寻找竞技运动价值体现的典型案例，可以为竞技运动的价值结构核心要素提供例证。通过各种途径收集有关竞技运动价值实现的案例后，我们可以对竞技运动二要素中 8 项价值的相关案例进行分类，最后留取每项价值最为典型、贴切、获得社会广泛认可的案例作为样本进行分析，留存 36 个具体案例进行解构，分析价值结构之中的四级要素。竞技运动价值案例的选取不能随意，我们要从众多案例中选取贴近竞技运动价值实际的案例，去伪存真。在案例设计中我们需要考虑以下因素：①其本质属性主要表现为生物性、自然性和运动性，同时价值案例的甄选要贴近竞技运动项目本身；②竞技运动价值案例的选取注重国际性；③案例实时反映价值与社会间的关联，我们需厘清核心案例，把握其本质与社会经济、政治和社会变革间的联系，使价值案例获得广泛的社会认同；④价值案例甄选需充分考虑其深刻性、典型性。

2.4　本章小结

　　哲学意义上的竞技运动价值指竞技运动对主体的积极意义，即竞技运动具有的能满足主体需要的本质属性和功能的总和。竞技运动的具体价值有客观存在和主观反映两面性。竞技运动主观价值分为竞技运动价值观和竞技运动情感观。竞技运动价值观是人对竞技运动绝对价值的认知和理解，竞技运动情感观则是人对竞技运动相对价值的认知。

第3章 竞技运动价值链模型及解析

3.1 竞技运动价值链模型

3.1.1 价值体系方案构建及择优

竞技运动价值体系方案择优基于层次分析法进行，实现了定性问题定量化。研究以价值要素和价值结构为载体，在进行专家访谈和问卷调查后把得到的调查结果赋值，从而促使定性问题得以"定量化"。本文采用层次分析法解决的主要问题即竞技运动价值结构的优选。在解决此问题时，我们最先需要面对的是竞技运动基础价值结构的确立。本研究运用 AHP 分析软件探知竞技运动价值结构的合理性，在厘清纷繁复杂关系的基础上，运用相对少量的信息使竞技运动价值结构决策的过程模型化，为多目标分析提供简便决策。通过合理构建竞技运动价值结构评价维度，对整个模型的综合评价进行多维度分解，我们可以促使评价过程科学化、客观化。构建评价指标的步骤如下：通过对竞技运动价值结构及其要素本质的理解，研究主体确定评判系统的整体目标和决策所涉及的要素、实现决策所需要的支持系统、实现决策所受到的制约因素，最大程度收集与竞技运动价值系统相关的基础信息，建立多层次递阶系统，按目标具体差异性、功能的区别，将层次体系编成若干个等级。

确定递阶层次元素相关度后，我们可以通过判断矩阵确定相对于上层次元素而言本层次元素的重要性排序及其具体的权重值。首先分析和统计各层次元素对目标的综合权重值，接着进行总体排序，最后分析和确立递阶结构最底层结构元素在总体目标当中的重要程度排序。根据上述三个步骤计算出最后的权重，研究主体可以对最后的结果进行理性分析，对竞技运动价值结构构建合理性的各个维度进行综合修改，从而实现结构的优化。层次分析法有利于将定性问题转换为定量化问题。竞技运动价值结构评判采用的"yaahp"是运用层次分析法进行程序运算的决策平台，利用此软件进行竞技运动价值结构优选有诸多优势，具体体现在：非常直观地显示构造决策的层次体系；非常方便地把评判的各项标准数值输入决策系统中；支持 E^0/5 ～ E^8/5 指数标度构建方式和 1 ～ 9 价值标度；判断矩阵前后一致性的实时监测；出现不一致后进行调整；出现残缺的矩阵数据时根据逻辑关系自动调整；支持结构的整体判断；对其价值结构层次要素和下位要素决策有非常细致的权重计算。

评价活动的第一步通常是建立评价结构体系，为综合评价寻找具有说服力的维度（图 3-1）。本文从时代性、重要性、代表性、典型性、认可度 5 个维度对价值结构进行评价。在建立递阶结构后，其价值结构上下层元素间的隶属关系被确定下来，接下来我们需要进一步确定各层次元素的具体权重值。决策者通过比较元素间重要性程度差别，按比例标度进行赋值的综合运算，可以促成决策的判断矩阵。评价活动的第二步是对竞技运动价值链结构的判断矩阵进行综合分析，把定性问题标尺化。通过评价指标的有效性比较，确定元素间的具体赋值，在判断矩阵之中确定 9 个标分度中的计算分值（图 3-2、表 3-1）。经过上述步骤得出经过决策的综合权重值，其权重值代表价值结构的相对合理性。竞技运动价值结构 III 的权重为 0.416 2，其权重值要高于其他备选方案，为所有方案中的优胜选择（表 3-2）。本研究通过此过程在众多备选方案中找到了合理化竞技运动价值结构作为本文价值链、区块链的研究基础，为后续竞技运动价值结构子要素权重分析奠定了坚实的基础。

竞技运动价值体系优秀方案决策维度

| 时代性 | 重要性 | 代表性 | 典型性 | 认可度 |

图 3-1 评价结构体系的确立

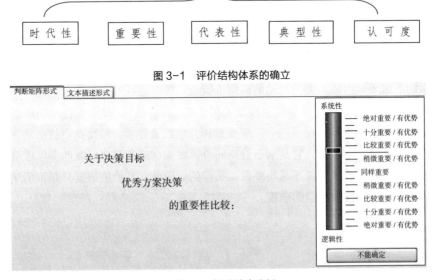

图 3-2 矩阵综合分析

表3-1 标度的含义

标 度	标度内涵
1	表示两个因素具有同等重要程度
3	表示某因素比另一因素稍重要
5	表示某因素比另一因素明显重要
7	表示某因素比另一因素强烈重要
9	表示某因素比另一因素极端重要
2，4，6，8	为上述相邻判断的中间值

表3-2 群决策计算结果

备选方案	权 重
竞技运动的基础价值结构 I	0.236 2
竞技运动的基础价值结构 II	0.362 4
竞技运动的基础价值结构 III	0.416 2
竞技运动的基础价值结构 IV	0.375 2

3.1.2 价值链模型的建立及分析

竞技运动的价值链指由竞技运动相互联系、耦合的价值要素所构建的价值链条。竞技运动的横向价值链由精神价值、教育价值、经济价值、运动价值、文化价值、政治价值、外交价值、军事价值八要素组合而成；竞技运动的纵向区块链主要由八个价值要素的下级要素组成。竞技运动的横向价值链、各个竞技运动纵向区块链间相互联系的支链共同构成了竞技运动价值模型（图 3-3、表 3-3）。每个竞技运动的纵向区块链环在价值模型中只出现了三个三级要素和九个四级要素，但每条竞技运动纵向区块链的价值要素不限于此，它是基于前期的价值要素文献积累和反复的专家求证，通过不断剔除不相关要素和修正某些要素而获得的。因此，其价值模型只是价值结构的典型反映，并不能反映价值的全貌。

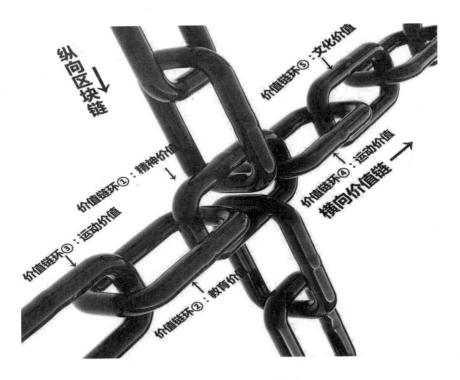

图 3-3　竞技运动价值链模型

表3-3　竞技运动价值链环

二级要素	三级要素	四级要素	二级要素	三级要素	四级要素
价值链环①：精神价值→	平等精神价值↓竞争精神价值↓团结精神价值	尊重精神价值参与精神价值公平精神价值拼搏精神价值挑战精神价值创新精神价值奉献精神价值团队精神价值友谊精神价值	价值链环⑤：文化价值→	物质文化价值↓精神文化价值↓制度文化价值↓	器材文化价值场馆文化价值装备文化价值道德文化价值竞争文化价值团队文化价值规则文化价值体制文化价值奖惩文化价值

二级要素	三级要素	四级要素	二级要素	三级要素	四级要素
价值链环②：教育价值→	思想教育价值↓	规则教育价值	价值链环⑥：军事价值→	军事体能价值↓	素质提高价值
		竞争教育价值			形态提升价值
		诚信教育价值			机能改善价值
	行为教育价值↓	自律教育价值		军事作风价值↓	顽强作风价值
		适应教育价值			吃苦作风价值
		意志教育价值			硬朗作风价值
	文化教育价值↓	知识教育价值		运动基础价值↓	运动知识价值
		技能教育价值			运动技术价值
		理论教育价值			运动技能价值
价值链环③：经济价值→	赛事经济价值↓	赛事经纪价值	价值链环⑦：外交价值→	国际交流价值↓	项目交流价值
		赛事经营价值			文化交流价值
		赛事连带价值			思想交流价值
	健康经济价值↓	功能养生价值		民族交流价值↓	民俗交流价值
		功能康复价值			民风交流价值
		功能锻炼价值			民技交流价值
	器材经济价值↓	休闲器材价值		信仰交流价值↓	宗教交流价值
		康复器材价值			礼仪交流价值
		竞技器材价值			制度交流价值
价值链环④：运动价值→	校园运动价值↓	形成技术价值	价值链环⑧：政治价值→	弘扬国威价值↓	形象提升价值
		提高素质价值			精神提升价值
		增强健康价值			素质提升价值
	社会运动价值↓	掌握技能价值		凝练思想价值↓	合法竞争价值
		提升体质价值			团结互助价值
		愉悦身心价值			顽强进取价值
	职业运动价值	表现技巧价值		激励民族价值↓	民族团结价值
		挑战极限价值			民族自觉价值
		拓展空间价值			民族激励价值

3.2　模型的要素及其构建

3.2.1　主体价值和延伸价值链环的确立

SPSS 软件分析平台中没有单独的基于主成分分析方法的运算，其融合于因子分析中。为探知八个要素的主要成分，本文收集了通过调查问卷获得的八项价值的具体评分，通过因子分析来达到分析目的（见图 3-4）。具体的分析过程是打开因子分析的界面，将八项价值要素选入"变量"的选项中，具体操作过程如下：点击"描述"按钮，并打开具体的选择栏目，确立"系数"、KMO 和 Bartlett 球形度检验。"系数"是各个竞技运动价值变量间的相关系数阵列，可以十分明显地分析其相关性。KMO 和 Bartlett 球形度检验用于定量检验变量间相关程度。点击"继续"，回到操作的程序，选取"抽取"，打开下级目录"方法"→"主成分"，接着点"输出"→"未旋转的因子解"以及"碎石图"两个结果，"抽取"→"基于特征值"，其余选默认。操作的具体流程（图 3-5）：①因子抽取方法，即选取默认主成分法。②输出，即"未旋转的因子解"被输出为主成分分析的最后结果。碎石图的输出有助于因子的重要程度分析。③抽取，即抽取主成分（因子）方法，鉴于其特征值大于 1，最后选择默认的选项。接着点"继续"，回到软件的主界面，点"确定"之后，进入特征值综合分析。

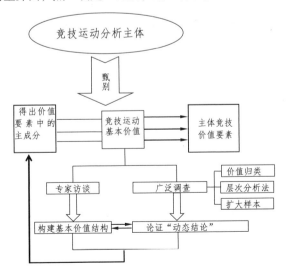

图 3-4　竞技运动核心价值形成循环通路

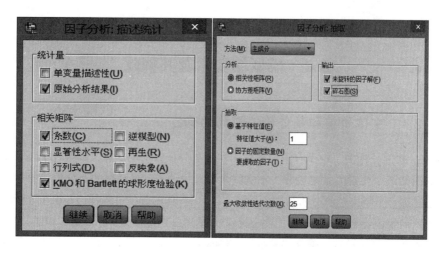

图3-5 主成分分析的具体操作流程

输出的主要结果如下：①相关性检验中主成分分析的前提是变量间具备基本的相关性，前提步骤是进行相关性检验的综合分析。第一步得到的最终结果是变量间的相关矩阵，由此我们可明显观察到变量之间具备相关性。如表3-4中，KMO值大于0.7说明变量间无相关性，而本例中的KMO值为0.588；Bartlett球形度检验，发现其P值<0.001。对两个指标的综合分析表明变量间存在相关性，适合进行主成分分析求解。否则，我们就不能进行主成分分析。②提取主成分。表3-5中第一列为八个竞技运动价值要素成分；第二列代表了具体的"特征值"，表明了所解释方差的数值；第三列突出显示了对应成分包含的方差占总方差的比率；第四列为累计百分比。总的来看，选择"特征值大于1"的成分作为竞技运动价值结构的主体要素，这也是SPSS软件中的默认选项。由表可见，成分1～5的特征值要大于1，五个要素合计能解释91.009％的方差值。因此，我们可以提取1～5作为主成分，其余成分包含的信息相对较少，故不作为主体成分分析，在后续章节我们会将其作为竞技运动的延伸价值进行分析。

表3-4 KMO和Bartlett的检验

取样足够度的 kaiser-Meyer-Olkin 度量	0.588
Bartlett 的球形度检验　近似卡方	211.537
df	43
sig	0.000

表3-5　竞技运动价值要素解释总方差表

成　　分	初始特征值			提取平方和		
	合　　计	方差的%	累积%	合　　计	方差的%	累积%
1	10.163	50.235	50.235	10.163	50.235	50.235
2	4.028	20.799	71.034	4.028	20.799	71.034
3	1.635	7.355	78.389	1.635	7.355	78.389
4	1.586	6.857	85.246	1.586	6.857	85.246
5	1.076	5.763	91.009	1.076	5.763	91.009
6	0.906	4.021	95.030			
7	0.885	2.855	97.885			
8	0.713	2.115 8	100.000			

3.2.2　主体价值和延伸价值链环的分析

碎石图来自地质研究领域，斜坡下碎石的地质学价值甚微，而该图可以直观反映主成分，后续输出碎石图如图 3-6 所示。在此图的具体数量值中，特征值为坐标系的纵轴部分，成分为本图的横轴部分。由本图可直观地看出，成分 1～5 涵盖的信息较多，从成分 6 开始逐步进入平缓界面。因此，本文把特征值大于 1 的五个要素——运动价值、精神价值、教育价值、文化价值和经济价值作为本文的竞技运动主体价值，把特征值最大的运动价值要素作为核心要素。其他的军事价值、政治价值、外交价值三项价值则被称为竞技运动的延伸价值。可见，竞技运动主体价值表明了竞技运动对社会的主体积极意义，延伸价值为竞技运动的主体价值实现提供支撑，是与竞技运动主体价值密切相关的价值。从本质特征与社会的关联分析，上述五个要素作为主体要素有其必然性，因为竞技运动的教育属性在现代社会中表现得越来越明显；精神价值是当今价值要素中的精神内核；竞技运动的运动价值则是当今价值要素中的本体、本质来源，竞技运动产生的经济价值有利于其他竞技运动价值要素的最终实现，文化价值是竞技运动价值产生的社会基础。通过以上调查分析得出的核心价值结构反映了竞技运动服务当代社会的时代特征，具备代表性、典型性，由此构成稳定结构。

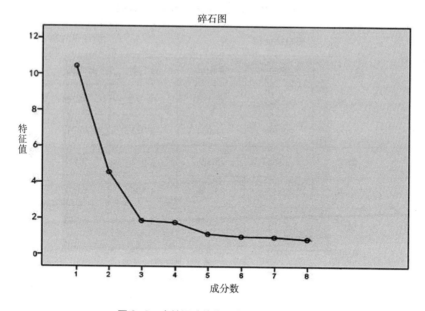

图 3-6　竞技运动价值要素特征值碎石图

第 4 章　竞技运动核心价值：运动价值

4.1　竞技运动运动价值结构构建

　　竞技运动是竞技体育发展壮大的基本载体，竞技体育为竞技运动持续发展创新提供平台。因此，剖析竞技体育整体价值结构的首要条件是揭示其运动价值。竞技运动基本分为学校性、社会性和职业性三个类别。学校性竞技运动可称为校园竞技运动，如校园足球等就隶属此类，世界大学生运动会就是其集中表现；社会性的竞技运动又称为业余竞技运动，如攀岩运动等就隶属此列，奥运会就是此类赛事的集中代表；职业性的竞技运动简称职业竞技运动，例如美国 NBA 职业联盟就隶属此行，美国 NBA、MLB、LNH、NFL 四大联盟的比赛就是此类运动的集中反映。因此，我们研究运动价值必须考虑三个层次的共有要素和分层特点，同时明确竞技运动的运动价值既有相似于其他类型运动的特点，又体现其独特性。国内学者关于竞技运动运动价值要素的研究如表 4-1 所示，国外运动价值研究主要集中在感知能力提升价值、协调能力提升价值、心理调整能力价值、适应力提升价值、青少年素质提高价值等。这些研究尽管成果较多，但多为单维研究。本文试图构建运动价值结构及其要素的体系。

　　哲学视角的"运动"指的是"事物存在的基本方式，包括宇宙所有变化过程"。哲学视角内的"运动"维度有"物理""化学""机械""社会""生命"运动及其兼容的变化方式。本文所讨论的竞技运动显然属于多种运动形态相互交融后的融合形式。宏观而言，竞技运动所涉及的体力和运动训练过程与"生命运动"有关，所涉及的技术与"物理运动"有关，所涉及的赛事与"社会运动"有关。但是，竞技运动的基本特征表现为充分展示人体的最大运动潜能。由此可见，竞技运动的运动价值是挖掘、培养、展示和体现人自身的综合能力。价值的内涵是事物适应人的需要和满足人的需求，价值是以"人"为中心的效用概念。可见，"运动价值"是指竞技运动的运动形式对人身心提升的普遍益处。当然，人们对竞技运动运动价值的某些具体要素的认知或许有些差异，但是竞技运动对于人类自身的健康发展和能力提升具有其他运动不可替代的价值则是人们普遍认同的。显然，针对竞技运动运动价值的研究从多维度、多角度和多元素切入才有新意。

表4-1　国内学者关于竞技运动运动价值要素研究（依时间序）

主　题	学　者	时　间	主要结论	涉及的竞技运动运动价值要素
身体运动的价值与体育[①]	童世敏 李少丹	1999 年	身体运动是实现竞技运动价值的基础和物质载体。身体运动不但是增强体质、促进健康的重要手段，而且是用以交际、娱乐的重要手段	增强体质价值 增进健康价值
论运动技术的价值[②]	颜天民 王江云 高健	2001 年	竞技运动运动技术的价值主要表现在美学价值、积累价值、创新价值、效益价值等维度，是竞技运动价值得以实现的重要载体和保障	运动技术价值
从哲学和社会科学视角认识体育运动[③]	马启伟	2002 年	体育运动是用身体运动对身体进行改造而形成价值的社会活动。其作用表现在它全面促进身体体质、思维敏捷度、人类伦理等的发展，完整塑造人类的人格魅力。它关乎人类集体生存、种族繁衍和社会发展	素质提高价值 思维发展价值 健康提升价值
论大众体育与高水平竞技运动的相互关系[④]	任海	2005 年	竞技运动为大众体育储备了大量的竞技人才；竞技运动为大众体育的发展提供了科技先导；为全面发展的人的培养提供了天然的模拟场	运动技能价值

① 童世敏、李少丹:《身体运动的价值与体育》,《渝州大学学报（自然科学版）》1999 年第 2 期。
② 颜天民、王江云、高健:《论运动技术的价值》,《中国体育科技》2001 年第 1 期。
③ 马启伟:《从哲学和社会科学视角认识体育运动》,《体育科学》2002 年第 3 期。
④ 任海:《论大众体育与高水平竞技运动的相互关系》,《体育文化导刊》2005 年第 3 期。

续表

主　题	学　者	时　间	主要结论	涉及的竞技运动运动价值要素
实施"竞教结合"与构建"和谐体育"关系的研究[①]	李中良	2008 年	实施"竞教结合"的办学体制，有利于提高运动员的文化素养、综合素质和生存力，促进职业化竞技运动和学校竞技运动的和谐发展，是构建"和谐体育"的可行性实施方案	素质提升价值体质提高价值
基于人类身体本能的体育运动哲学解读[②]	刘欣然乐严严	2009 年	身体的运动是人能亲身感知的存在物，是本能需要和内在冲动，是人寻求基本生存、生命意义阐释的需要，是人类不断往前发展和推进的必需品。运动对人身体的忠诚在于对生命的维护，是人唤醒身体本能的客观存在	生命意义价值保护生命价值
决斗风范：从人类决斗精神中对体育运动的哲学解读[③]	刘欣然黄玲	2009 年	决斗是人在谋求基本的生存条件及种群的延续中发展来的自我维护精神，它是优选基因的最原始竞技表现形态之一。竞技运动为决斗精神存留的归属平台，而运动就这样保持着人类为种族繁衍和优胜劣汰而竞争的记忆痕迹	自我保护价值基因选优价值竞争留存价值
近代国人对西方体育认识的嬗变（1840–1937）[④]	张晓军	2010 年	竞技运动在现代社会中的重要性日益凸显，而当今大部分项目起源于西方。要发挥竞技运动价值，不但要理解西方文明的精髓，更要与中国竞技运动训练和竞赛背景相融合	形成技术价值
身体运动与时代的精神救赎[⑤]	彭雄辉谢松林邵伟	2012 年	现代社会的运转犹如生产机器，导致人们精神虚无，同时对于生活意义感到焦虑，折磨着人们的内心，而身体运动却能通过激烈对抗中血液的奔腾，让主体被压制的冲动得到释放，让原始而内生的生存意志得到宣泄	愉悦身心价值

①　李中良：《实施"竞教结合"与构建"和谐体育"关系的研究》，硕士学位论文，东北师范大学，2008。

②　刘欣然、乐严严：《基于人类身体本能的体育运动哲学解读》，《体育学刊》2009 年第 12 期。

③　刘欣然、黄玲：《决斗的风范：从人类决斗精神中对体育运动的哲学解读》，《天津体育学院学报》2009 年第 2 期。

④　张晓军：《近代国人对西方体育认识的嬗变（1840–1937）》，博士学位论文，吉林大学，2010。

⑤　彭雄辉、谢松林、邵伟：《身体运动与时代的精神救赎——从〈时代的精神状况〉管窥雅斯贝尔斯的体育价值思想》，《体育学刊》2012 年第 3 期。

主题	学者	时间	主要结论	涉及的竞技运动运动价值要素
人文价值观视域下运动教学模式的构建①	孔阳	2014年	运动技术教学模式可强化训练主导的人文理念，增加训练主导的运动技术涵养，使技术为主导的竞技运动得到理性回归，而技术的提升能提高参与者的参训动机和热情、毅力和自信心	运动技术价值
竞技运动中的身体变迁②	陈勇	2015年	竞技运动中对身体载体的忽略、对身体肉身因素的外在政治干预、权利和制约关系的形成，及依据人类本身的需求对肉身的经济学利用，最后形成竞技参与主体精神化、身体肉身工具化倾向。可见，应以身体扩展性构建为生发点创建法则和秩序	创建秩序价值
从"小众竞技"到"大众竞技"：运动竞赛的发展动向——基于上海市民运动会的个案分析③	辜德宏 尚志强 周健将 吴贻刚	2016年	上海普通民众通过小众运动会的合理设计逐步将少部分人进行的竞技运动扩展到群体之中，使城市的人开展竞技运动的氛围逐步浓厚，同时通过竞技运动展示城市魅力成为主流	增进健康价值
体育运动异化与回归的身体哲学阐释④	程卫波	2017年	体育运动通过不断挑战机体承受的身心极限以激发其身体的潜能，提高其身体智慧，从而促成提升自我、展现自我后统构身心、力与美的社会综合实践活动	挑战极限价值 拓展空间价值
身体认知论视野下的运动学习实践⑤	殷治国 王林 范运祥	2018年	在运动中借鉴身体认知论的基本思想，发现"身体本体触觉"，"身体运动的外展"以及"身体虚拟"的认知过程可构建身体认知与运动学习实践相融合的竞技运动训练模式	本体感觉价值 审美能力价值

① 孔阳：《人文价值观视阈下运动教学模式的构建》，硕士学位论文，郑州大学，2014。

② 陈勇：《竞技运动中的身体变迁》，《体育学刊》2015年第6期。

③ 辜德宏、尚志强、周健将、吴贻刚：《从"小众竞技"到"大众竞技"：运动竞赛的发展动向——基于上海市民运动会的个案分析》，《上海体育学院学报》2016年第3期。

④ 程卫波：《体育运动异化与回归的身体哲学阐释》，《体育成人教育学刊》2017年第5期。

⑤ 殷治国、王林、范运祥：《身体认知论视野下的运动学习实践》，《成都体育学院学报》2018年第3期。

竞技运动通过本质属性满足客体需求，从而实现运动价值，同时由其满足客体的需求的差异性而体现出多样化。运动价值在竞技运动的价值结构中有其特殊性，所以其他价值的实现需要以此价值的实现为基本前提。竞技运动基本的运动价值，如素质塑造价值、体质提升价值、体能提高价值和技巧获得价值等，属于竞技运动的内在性、本源性价值。根据文献整理和专家访谈，本文构建了运动价值层次结构及其内涵相关体系。如表 4-2 所示，竞技运动运动价值结构体系主要由三种类别及三级价值要素组成。其中，三类运动价值分别为校园运动价值（C1）、社会运动价值（C2）和职业运动价值（C3），而每种运动价值类别又由三要素组成，如校园运动价值（C1）主要由形成技术价值（C1-1）、提高素质价值（C1-2）和增强健康价值（C1-3）组成；社会运动价值（C2）由掌握技能价值（C2-1）、提升体质价值（C2-2）和愉悦身心价值（C2-3）组成；职业运动价值（C3）由表现技巧价值（C3-1）、挑战极限价值（C3-2）和拓展空间价值（C3-3）组成。可见，表 4-2 所反映的是竞技运动运动价值的体系、层次、要素及内涵，具有鲜明的结构、层次、关联和释义功能。

显而易见，竞技运动运动价值要素的体现形态并非与其他要素具有天壤之别，实际上其运动价值与其精神价值、教育价值、文化价值、军事价值等存在着千丝万缕的密切联系。同样，其运动价值结构的三级及四级要素之间也绝不是互相独立、毫无关联的，它们之间存在着相互耦合、交融的内在联系。客观实例反复证明竞技运动运动价值的层次要素间存在着高度相关性，如校园运动价值的效果通常引导社会竞技运动的发展，社会运动价值的功效影响着职业运动价值的充分发挥，而职业运动价值的发挥有赖于积极、浓厚的"校园竞技环境"的创建。因此，我们必须充分剖析竞技运动文化、教育价值和精神、法治等价值的辩证关系；必须辩证地探知其运动价值中社会运动价值、校园运动价值、职业运动价值之间的动态变化关系；必须动态地理解九个竞技运动价值要素间的辩证关系，从而实时地反映其运动价值与社会发展间的关联，准确地把握其本质特征，科学发挥竞技运动价值功效，使竞技运动真正成为驱动人类发展和社会进步的引擎。

表4-2 竞技运动运动价值结构及其内涵

一级要素	二级要素	三级要素	要素内涵
竞技运动运动价值	校园运动价值（C1）	形成技术价值（C1-1）	学习运动知识，形成运动技术
		提高素质价值（C1-2）	提高身体素质，完善生长发育
		增强健康价值（C1-3）	促进身心健康，塑造健全人格

一级要素	二级要素	三级要素	要素内涵
竞技运动运动价值	社会运动价值（C2）	掌握技能价值（C2-1）	掌握运动技能，提升运动情感
		提升体质价值（C2-2）	增强机体机能，提高健康水平
		愉悦身心价值（C2-3）	感受运动乐趣，提升生活品质
	职业运动价值（C3）	表现技巧价值（C3-1）	善谋战术奇诡，巧现技术应用
		挑战极限价值（C3-2）	勇破机体极限，敢挑身心重担
		拓展空间价值（C3-3）	广拓竞技视野，深挖发展潜力

4.2　运动价值结构核心要素解析

如前文表4-2所示，竞技运动运动价值中三级要素的基本结构体系由三级层次的九个四级运动价值要素及其释义短语组建而成。显而易见，不同时代背景下竞技运动要素的重要程度具有纷繁复杂的差异性。充分剖析这些要素的作用需要对其结构采用定量和定性相结合的方法进行综合求证。本文运用德尔菲法和主成分分析法对其进行综合解构，最终的参数结果如表4-3所示，旋转后因子载荷平方和特征值的统计结果提示：三级运动价值中的形成技术价值（C1-1）、提升体质价值（C2-2）和挑战极限价值（C3-2）的特征值较大，分别为8.316、7.853和6.752，三者累计方差百分比分别为34.523％、53.880％、67.235％（其特征值均大于1），由此说明形成技术价值（C1-1）、提升体质价值（C2-2）和挑战极限价值（C3-2）不仅是竞技运动运动价值的重要元素，还是影响竞技运动运动价值的主要因素。计算得知这三个价值要素反映了现实运动价值内涵信息的67.235％（其特征值均大于1），这说明"形成技术""提高体能"和"挑战极限"是形成竞技运动运动价值结构的重要因素。因此，着重分析这三个因子可以反映竞技运动运动价值的核心内涵。

考察协方差矩阵特征值可见，在校园运动价值（C1）中，尽管形成技术价值（C1-1）的特征值高于提高素质价值（C1-2）和增强健康价值（C1-3），但提高素质价值（C1-2）和增强健康价值（C1-3）同样意义重大。应该说通过"学习运动知识，形成运动技术"，人们可以"提高身体素质，完善生长发育"以及"促进身心健康，塑造健全人格"。在社会运动价值（C2）中，虽然提升体质价值（C2-2）的特征值高于掌握技能价值（C2-1）和愉悦身心价值（C2-3），但是掌握技能价值（C2-1）和愉悦身心价值（C2-3）同样功能重大。应该说"增强机体机能，提高健康水平"往往通过有效地"掌握运动技能，提升运动情感"和积极"体验运动乐趣，提高生活质量"而获得。在职业运动价值（C3）中，虽然挑战极限价值（C3-2）的特征值高于表现技巧价值（C3-1）和拓展空间价值（C3-3），但是表现技巧价值（C3-1）和拓展空间价值（C3-3）同样作用重大。应该说"勇破机体极限，敢挑身心重担"就是基于"善谋战术奇诡，巧现技术应用"和"广拓竞技视野，深挖发展潜力"所体现的。因此，揭示竞技运动运动价值体系及其要素时，我们必须注意主次价值要素间的关联。

表4-3　竞技运动运动价值解释总方差表

运动价值要素	协方差矩阵的特征值			因子载荷平方和			旋转因子载荷平方和		
	特征值	方差百分比	累计方差百分比	特征值	方差百分比	累计方差百分比	特征值	方差百分比	累计方差百分比
C1-1	8.316	32.682	32.682	8.316	33.383	33.383	8.316	34.523	34.523
C2-2	7.853	17.335	50.017	7.853	19.532	52.951	7.853	19.375	53.880
C3-2	6.752	13.332	63.342	6.752	13.635	66.550	6.752	14.353	67.235
C3-3	0.952	8.232	73.839						
C1-2	0.858	7.987	80.293						
C2-1	0.796	7.324	87.617						
C2-3	0.635	6.254	93.871						
C1-3	0.542	3.324	97.195						
C3-1	0.232	2.805	100.000						

　　如表 4-3 所示，形成技术价值（C1-1）、提升体质价值（C2-2）和挑战极限价值（C3-2）为竞技运动运动价值的主要核心要素。从竞技运动实践来看，三个要素的价值贡献位居前列绝非巧合。其中，形成技术价值（C1-1）的特征值最大，这说明竞技运动是以形成运动技术结构和展现运动技能特征作为基础的，因此，学习、掌握和应用运动技术是体现竞技运动形态和价值的基本路径；提升体质价值（C2-2）的特征值次之，这表明竞技运动以提高身体体质水平和提升身体运动能力为支柱，因此，发展、强化和展示身体素质是提高竞技运动水平和价值的基本途径；挑战极限价值（C3-2）的特征值再次，这间接证明竞技运动以勇破人体极限能力和敢于承受心理压力为目标，因此，科学、持续、合理地挑战身心极限可以体现竞技运动本质效

用和最终归宿。其分析结果表明：三个运动价值要素虽然反映了不同层次竞技运动运动价值的首要要素，但是也反映了整个竞技运动运动价值的价值权重。分析结果再次表明：竞技运动整体性的运动价值和层次性的运动价值要素虽然高度相关，但是并不相同。

4.3 实现运动价值核心要素的路径

形成技术价值是竞技运动运动价值的首要核心要素。竞技运动运动价值的实现需要通过提高参与者的技术能力体现出来，因此，学习、掌握和应用运动技术至关重要。运动技术来源于合理的动作模式和完整的动作结构，显现于多元的运动技能和娴熟的运动技巧之中。运动技术蕴藏着有效的专项能力和专项的体能要素，表现在灵活的战术应变和精准的战术配合之中。运动技术既是竞技运动的基本学习目标，又是其高级表现形态之一。因此，不同层次的参与者都必须高度重视技术学习、练习和熟习。实现形成技术价值的路径：校园性竞技运动参与者必须熟练掌握竞技运动某一专项运动的基本知识、基本动作和基本技术；社会性竞技运动参与者必须逐渐夯实某一专项运动相关的主要知识储备、关键动作和运动技能；职业性竞技运动从业者必须高度保持竞技运动某一专项运动的制胜技术、多元技能和专项技巧。因此，我们必须从三者相互融合的维度出发，强化社会竞技参与者的技术知识储备和技术基础，优化校园竞技人群的技术基础和技术环节，以及职业竞技人群的技术环节和技术细节。

提升体质价值是竞技运动运动价值的重要核心要素。现实分析结果深刻揭示了竞技运动运动价值的实现离不开参与者身体能力的提高。因此，发展、强化和展示身体素质尤为重要。身体素质蕴藏在正确的动作方式和关键的动作环节之中，显现在多维的运动技能和灵活的运动技巧之内。身体素质的发展有利于竞技专项的体能训练，融合于纷繁复杂和变化多端的战术应变之中。身体素质既是运动的竞技能力元素，又是其表现形态的基础元素。显而易见，不同层次的参与者必须高度重视自身身体素质的锻炼、训练和熔炼。实现提升体质价值的路径：校园性的竞技运动参与者必须逐渐提高竞技运动基本运动能力、基本运动素质和生长发育水平；社会性竞技运动参与者必须分类提高某运动专项的主要运动能力、运动素质以及健康水平；职业性竞技运动从业者必须保持某运动专项的关键运动能力、核心运动素质和较高的运动寿命。因此，我们必须从三者相互促进的维度出发，提高社会竞技参与者的健康水平和身体机能、校园竞技参与者的身体机能以及运动素质、职业竞技人群的运动素质以及专项体能。

挑战极限价值是竞技运动运动价值的基础核心要素。现实分析结果深刻揭示了竞技运动运动价值的实现要求参与者不断挑战他人或自身能力。竞技运动的基本属性是竞争和角逐。因此，正确地面对极限问题显得特别重要。竞技运动的极限问题主要来自对手、自身、环境等因素。一般而言，挑战极限的前提是人们拥有敢于挑战的勇气，挑战极限的条件是人们具备挑战的能力，而在挑战极限的过程中，人们必须具有挑战的毅力。显然，竞技运动的参与者必须具有敢于挑战极限的态度、思路和方法。唯有如此，他们才能知难而进，迎难而上，克难而胜。实现挑战极限价值的路径：校园性竞技运动参与者必须逐渐形成勇于面对挫折和敢于挑战困难的人生态度；社会性竞技运动参与者必须分类掌握处理各种人生挫折和解决各种困难的主要方法；职业性竞技运动从业者必须高度保持不断挑战他人或自身极限的能力，力争更高、更强、更快地突破他人或自身的极限水平。因此，我们必须从三者相互推进的维度出发，提高社会竞技参与者的精神面貌和勇敢精神、校园竞技人群的勇敢精神和挑战精神、职业竞技人群的挑战精神和突破能力。

附：竞技运动运动价值案例

案例一：伊顿公学"运动第一"

伊顿公学因其"精英摇篮"和"绅士文化"称号而久负盛名，同时，它也以其军事管理而闻名。经过该学校的培养，学生们通常会具有优良的行为表现和综合能力，所以其被公认为英国最好的中学。它是英国皇室和社会精英的诞生之地。该校学生只用同类学校一半时间就能学完中学课程，剩下的时间用于学马球、赛艇等竞技运动项目。学生第一次进入伊顿可能是 13 岁乳臭未干的小男孩，毕业时就会成长为 18 岁的绅士。经过六年的学生生涯，学生在生理、心理、身体能力、思想和社会责任方面获得全面提升。伊顿的学校规则严格但不痛苦，几乎每天下午都有各种各样的体育运动，而围墙赛和野外比赛是伊顿独特的运动内容。通过竞技运动的锤炼，学生的人格可以得到完善。在竞技活动中，学生要营造相互尊重、协作的良好氛围，培养责任感。老生的言谈是新生学习的榜样。伊顿良好的学校精神和礼仪代代相传，良好的教育使学生的综合素质得以发展。显而易见，竞技运动有利于健全人格的塑造。

案例二：清华，无体育，不清华！

2016 年 8 月，清华大学李稻葵教授的《体育运动特长易获成功》获广泛关注。早在 1926 年，清华大学的体育部主任马约翰在《体育的迁移价值》中就谈到，有运动专项能力的人善于不断竞争，坚持奋发图强，懂得合作。这些使有运动专长的人时刻处于积极进取的状态，并能团结团队的成员不断攻坚克难。马约翰任体育部主任时强调"体育的迁移价值";20世纪80年代陈希讲究"体魄与人格并重";新时期的校长邱勇提出"无体育,不清华"。在清华传统中,运动是立德树人的载体。学校成立的第二年,即1912年,设体育部,成为最早创立西式体育的学校,而在百余年的熏陶下,运动已成治学理念。副校长施一公教授坦言:运动造就自强精神、拼搏气质、合作能力,形成受益终生的健康生活方式,运动习惯使清华学子具备健康的身体机能。

案例三:新、奇、特的校园生活

在加拿大,综合评价大学水平高低的维度通常不是专业课优势,而是竞技运动开展的程度和综合水平的高低。加拿大的大多数高校学生必修体育课,并将竞技运动的重点由课内转向下课以后丰富多彩的竞技运动形式。加拿大成立了省级高校体育协会,竞技成绩突出的体育团队被奖学金吸引踊跃加入其中。加拿大每年有12 000名学生参加11个项目的近3 000个活动,竞赛形式类似于NBA和NHL联赛,而且每周都有各种竞赛,最佳团队将选择优胜者角逐区域决赛。与此同时,电视、报纸和网站会形成媒体界的报道联盟。此外,无论是职业生涯还是大学体育赛事,无论项目设置还是正式设计,大学竞争活动都力求实现竞争与娱乐的结合,而大学体育实践方面显然更为突出。为实现此目标,活动组织者必须在项目中进行创新,增加新的比赛内容,使活动因具有创新性而显得奇特。例如,飞盘这个项目在加拿大风靡一时,该项目已被组织成小组项目,并不受场地和设备的限制,很容易在校园和社会活动中大规模推广。

案例四:竞技成就"非凡品质"

世界上有很多重要领导人喜欢竞技体育,通过竞技运动,许多领导人练就了成为优秀领导人必备的素质:坚定的意志、快速的反应、稳定的心理素质等。泰国国王普密蓬曾经是一名职业运动员,他代表泰国参加快艇国际赛事并多次获得奖项,2016年10月13日,他在曼谷去世,享年88岁;奥巴马非常热爱竞技运动,他每周坚持锻炼,曾与贝尔一起参加了《荒野求生》这一电视节目,获得了广泛好评。前美国财政部长亨利·保尔森是大学橄榄球队的明星;国际货币基金组织主席拉加德曾经是一名游泳运动员;俄罗斯总统普京从11岁开始学习摔跤,后来练习柔道,多次赢得圣彼得堡柔道锦标赛冠军;前南非总统曼德拉年轻时是一名业余拳击手,他说很遗憾没有成为世界级的拳击冠军;乔治·布什曾经和库尔尼科娃一起打网球,在85岁时曾经在10 500英尺(约3 200米)高的飞机上进行跳伞活动，在 60 多岁时他的机能水平相当于优秀运动员的水准。这些领导人具备的特殊生理和心理品质包括强健的体魄、坚强的意志、坚定的信心和敏锐的判断。

4.4　本章小结

经研究，我们框架性地构建了反映竞技运动运动价值的基本框架，以及竞技运动运动价值中的校园运动价值、社会运动价值和职业运动价值结构。其中，形成技术价值（C1-1）、提高素质价值（C1-2）、增强健康价值（C1-3）、掌握技能价值（C2-1）、提升体质价值（C2-2）、愉悦身心价值（C2-3）、表现技巧价值（C3-1）、挑战极限价值（C3-2）、拓展空间价值（C3-3）是竞技运动运动价值的基本要素。竞技运动运动价值各要素间相互融合、补充，共同构成了运动价值的整体结构。

相关研究层次性地发现了影响竞技运动运动价值的核心要素。其中，形成技术价值（C1-1）、提升体质价值（C2-2）和挑战极限价值（C3-2）的影响权重依次位居前三，由此可见，形成技术价值、提升体质价值和挑战极限价值是竞技运动价值的核心要素。三种要素的价值权重极大地影响着竞技运动的整体运动价值。竞技运动整体性的运动价值和层次性的运动价值要素虽然高度相关，但是并不相同。竞技运动运动价值的要求需要发挥核心要素的主体价值并兼顾其他要素的综合效应。

本章解析性地提出了实现竞技运动运动价值的基本路径：从三者相互融合的维度出发，强化社会竞技参与者的技术知识和技术基础、校园竞技人群的技术基础和技术环节、职业竞技人群的技术环节和技术细节；从三者相互促进的维度出发，提高社会竞技参与者的健康水平和身体机能、校园竞技人群的身体机能和运动素质、职业竞技人群的运动素质和专项体能；从三者相互推进的维度出发，优化社会竞技参与者的精神面貌和勇敢精神、校园竞技人群的勇敢精神和挑战精神、职业竞技人群的挑战精神和突破能力。

第 5 章 竞技运动主体价值：精神价值

5.1 竞技运动精神价值结构构建

随着人类生产力和文明的不断发展，国家的物质财富越丰富。物质财富可以带来一定的幸福指数，但并不是人类福祉的全部和归宿。当社会物质财富积累到一定程度后，人的幸福指数的提升会出现临界效应。竞技运动所表现的竞争精神、进取精神、斗争精神、决斗精神等显然是国家在综合国力发展之后持续繁荣的稀缺品。竞技运动独有精神的塑造以及全社会崇尚竞技运动精神的人文底蕴可以扭转社会不良精神的发展趋势。

有日本学者的研究表明，对精神价值的追求相较于对超出自身所需物质的追求有两个最为重要的优势：第一，精神价值追求不会损害他人的利益，如有人对竞技运动技术精益求精，他的这种追求不会妨碍他人的幸福感；第二，精神价值追求不会产生临界效应（相对于物质追求而言，因为人拥有的物质丰富到一定程度就会产生临界效应）。因此，通过竞技运动的精神价值来促进国家良性、和谐、可持续发展势在必行。我们在挖掘精神价值时必须深刻认识竞技运动精神要素。国内学者关于竞技运动精神价值要素的研究如表 5-1 所示，国外的研究集中在奉献精神、合作精神、游戏精神和博弈精神等单一维度的分析上。尽管相关研究较多，但多针对某一要素，针对竞技运动精神价值结构的系统研究较少。本文试图构建竞技运动精神价值结构，解析其价值要素，初步提出实现路径，旨在为其结构构建及其路径优化提供基本依据。

表5-1　竞技运动精神价值的基本体系及其层次结构

一级要素	二级价值要素	三级价值要素	要素内涵
竞技运动 精神价值	平等精神价值 （C1）	尊重精神价值（C1-1）	秉持人本主义，礼遇四海文化
		参与精神价值（C1-2）	投身竞技活动，驱动全面发展
		公平精神价值（C1-3）	致力公正环境，促成正义生态
	竞争精神价值 （C2）	拼搏精神价值（C2-1）	锐意奋勇图强，百折不屈不挠
		挑战精神价值（C2-2）	敢于知难而上，勇于突破极限
		创新精神价值（C2-3）	传承善思求新，引导苦学精练
	团结精神价值 （C3）	奉献精神价值（C3-1）	谨记克己奉公，发挥职业担当
		团队精神价值（C3-2）	构建协同合作，凝聚高效团体
		友谊精神价值（C3-3）	建立互信互助，发展深情厚谊

在此类别结构中，平等精神价值主要由尊重精神价值、公平精神价值、参与精神价值要素组成；竞争精神价值分为拼搏精神价值、挑战精神价值、创新精神价值；团结精神价值则由奉献精神价值、团队精神价值、友谊精神价值组成。由此可见，表5-1反映的精神价值体系、层次、要素及其内涵具有鲜明的层次、关联和释义功能。显而易见，竞技运动精神价值的内部要素不是泾渭分明、绝对独立的，实际上，精神价值的各层次及其要素是相互耦合、交融存在的。例如，公平精神价值的实现通常需要借助于团结精神价值的实现，团结精神价值的实现又影响着竞争精神价值的发挥，而竞争精神的发挥有赖于平等、团结社会大环境的建构。因此，我们必须全面认识竞技运动精神价值与教育、法治等价值的辩证关系；必须辩证认识精神价值平等精神、竞争精神、团结精神要素间的关系；必须动态地理解精神价值三级层次中9个精神价值要素间的相互关系和紧密联系。唯有对竞技运动价值结构有综合认知，我们才能实时反映精神价值与社会之间的紧密联系，将无形的精神价值转化为现实动力。

5.2　精神价值结构核心要素解析

如前文表 5-1 所示，竞技运动精神价值结构中三级要素由 9 个精神价值要素及要素内涵释义短语构成。显而易见，竞技运动价值链结构中不同要素在不同时代背景下的重要程度有差异。为了充分认识这些要素在竞技运动精神价值中的地位和作用，我们需要对竞技运动精神价值结构进行梳理求证。本文运用主成分分析法进行结构论证，其最终的结果如表 5-2 所示。通过分析旋转后的因子载荷平方和特征值可以发现：竞技运动三级精神价值要素中的拼搏精神价值（C2-1）、团队精神价值（C3-2）和公平精神价值（C1-3）的特征值较大，最后经统计的结果分别为 7.754、6.465 和 5.057，三者累计方差百分比分别为 34.983%、52.928%、67.781%。由此说明，竞技运动的拼搏精神价值、团队精神价值和公平精神价值不但是竞技运动精神价值的重要部分，而且是竞技运动精神价值中的核心要素。经数理统计计算得知这三个精神价值要素反映了现实精神价值的原变量信息的 67.781%（其特征值均大于 1），三个因子反映了精神价值的内涵，说明了拼搏、团队和公平的精神价值构成了竞技运动精神价值结构中的核心部分。

表5-2　竞技运动精神价值解释总方差表

精神价值要素	协方差矩阵的特征值			因子载荷平方和			旋转因子载荷平方和		
	特征值	方差百分比	累计方差百分比	特征值	方差百分比	累计方差百分比	特征值	方差百分比	累计方差百分比
C2-1	7.754	32.874	32.874	7.754	33.763	33.763	7.754	34.983	34.983
C3-2	6.465	17.352	50.226	6.465	18.742	52.505	6.465	17.945	52.928
C1-3	5.057	12.354	62.580	5.057	13.752	66.257	5.057	14.853	67.781
C3-3	4.732	8.358	70.938						
C3-1	3.635	8.532	79.470						
C1-1	2.521	7.924	87.394						
C2-2	1.432	7.352	94.746						
C1-2	0.325	3.138	97.884						
C2-3	0.132	2.116	100						

通过分析协方差矩阵特征值发现，竞技运动平等精神价值（C1）中，虽然公平

精神价值（C1–3）的特征值要高于尊重精神价值（C1–1）和参与神经价值（C1–2），
但是这并不意味着这两个竞技运动精神价值要素不重要，应该说有效地营造人本主义
和积极鼓励大众从事竞技运动，对于创设公正的社会环境和促成正义生态非常重要；
竞技运动竞争精神价值（C2）中，虽然拼搏精神价值（C2–1）的特征值要高于另外
两个竞技运动精神价值要素挑战精神价值（C2–2）和创新精神价值（C2–3），但是这
并不是说这两个精神价值要素的重要性一般，应该说适时发挥勇于突破的竞技运动挑
战精神和创新求变运动精神，对于人们形成不屈不挠的国家意志意义重大；竞技运动
团结精神价值（C3）中，虽然竞技运动团队精神价值（C3–2）的特征值要高于另外
两个精神价值要素奉献精神价值（C3–1）和友谊精神价值（C3–3），但是另外两个竞
技运动精神价值要素也是重要因素，发挥竞技运动克己奉公的奉献精神和展现深情厚
谊的竞技运动友谊精神，对于人们形成奉献型、友好的民族品性极为关键。因此，构
建和认识竞技运动精神价值体系及具体要素时，我们需要注意各竞技运动精神要素间
的紧密联系和相互支撑。

如表 5–2 所示，拼搏精神价值（C2–1）、团队精神价值（C3–2）和公平精神价
值（C1–3）构成了竞技运动精神价值的主要核心要素。其中，拼搏精神价值的特征
值最大，这表明竞技运动对人们懒惰、不思进取的萎靡精神状态的克服具有引领效
应。黑格尔指出："只有长时间进行艰苦劳动，并数十年如一日执着于自己的事业当
中，才可能获得一定成就。"伏尔泰曾说："伟大事业需矢志不移的精神。"容国团曾
经说道："人生能有几回搏，此时不搏何时搏。"以上这些都表露了拼搏的重要性。表
5–2 中团队精神价值的特征值处于第二位置，这表明团队胜利不仅需要凝聚力，还需
组织结构和协同实践。公平精神价值的特征值再次，这表明竞技运动所有价值的发挥
都基于公平、公正和公开的竞技过程，竞技管理效率和参训、参赛积极性的发挥都需
要公平的制度保障。因此，竞技运动对于社会环境净化具有积极的引领价值。

5.3　实现精神价值核心要素的路径

拼搏精神价值是竞技运动精神价值的首要核心要素。这一现实分析结果深刻揭
示了运动员需要在训练中克服原始身心惰性、挑战极限负荷瓶颈、抵御频繁伤病困
扰，在竞技比赛中承受极限的心理负荷、挑战强大的比赛对手、转变比赛的艰难处
境。事实证明：在大赛中发挥稳定的冠军选手无不经历过奋勇拼搏求胜的过程。然
而，新时代拼搏精神在当今历史条件下具有不同含义，基于此，参与竞技运动的人员
需勇于、善于拼搏，善思求新，合理利用和转化科技成果，整合各方支援进行不屈不

挠的坚决斗争，同时需要置身于极端困难环境，确定明确的奋斗目标，激发自身内在动力，形成稳定的自律习惯，从而顺利收到良好的结果。显而易见，竞技运动拼搏精神对提振国家精神面貌、提升国家人文精神底蕴的重要价值不容忽视。我国也历来重视拼搏精神价值，希望通过高水平竞技运动带动群众，通过竞技运动拼搏精神引领国家意志。

团队精神价值是竞技运动精神价值的重要核心要素。这一现实分析结果充分证明了竞技运动不但是以公平规则和安全条件为基础的激烈、残酷、综合的竞技能力对抗，而且是强调团队融合性、凝聚力的竞争性社会活动。竞技运动实践反复表明，任何竞技运动成绩的获得都是多方合作、协同努力、众志成城的结果，离不开集体不断攻坚克难的汗水和智慧。要想在竞技运动中获得优胜，运动员队伍和教练团队必须有强烈的集体意识、娴熟的合作技巧和高超的管理能力。可见，团队精神对提高民族的协同效率和使命担当、个人的团队意识和合作技巧非常重要。我国历来重视竞技运动团队精神价值的发挥，不仅希望通过合作形态彰显集体力量，还期望通过竞技运动各个项目培养整个民族同舟共济的民族精神，从根源上促成各个民族精诚团结的良好民族秉性。显而易见，优化和提升竞技运动精神价值可从以下维度进行努力：在竞技项目中培养参与者的合作意识和技能，并形成示范效应加以宣传；通过绩效管理提升团队的积极性及其创造性；建构目的明确、逻辑清晰、体系合理的竞技运动参赛目标结构。

公平精神价值是竞技运动精神价值的基础核心要素。现实分析结果表明任何竞技行为唯有在公平、公正、公开的基本前提之下才可持续发展，任何不公平都会导致整个竞技系统的懈怠和低效。竞技运动在初级阶段强调参与，在高级阶段强调公平。无公平导致无积极性，无积极性导到无效率。因此，任何竞技活动的发展都离不开公平、严谨的制度的支撑。事实证明，任何竞技活动的良性、可持续发展都需基于公平、公正、公开理念。由此可见，竞技运动对促成社会的良性、正义生态特别重要。我国历来十分重视竞技运动公平精神对社会的引领，期盼通过其正能量形象促成可持续发展生态，希望以公平精神培养大众的法治意识，创设人人知法的社会现状，益于人们通过法治维护自身权益，促进和谐、有序发展的法治社会逐渐形成。

附：竞技运动精神价值案例

案例一：女排精神"放光芒"

1981年11月16日，第三届世界杯女子排球赛在大阪进行，决赛中中国队前两局获胜，第三局也领先，形势一片大好，眼看着立马就要获得系列赛的胜利，捧得奖杯。然而，顽强的日本队员孤注一掷，最后反而赢得第三局，唾手可得的金牌又面临着不确定的结局。第四局日本队越战越勇，再获得一局，比分竟然变成平局。在决胜局，中国队在 0∶4 落后的情况下背水一战，把比分差距缩小。在 14∶15 落后的最后关头，他们连得 3 分，最终取胜。国际排联主席利博给中国女子排球队颁奖之时，场内掌声雷动。中国七战全部获胜。比赛当天，国务院发电祝贺女排胜利。人民日报在《学习女排精神，振兴中华民族》一文中指出："用中国女排精神搞经济建设，何愁现代化？"女排胜利激励和影响了几代中国人，是中国竞技运动发展历史上的丰碑！

案例二：国乒"创新永向前"

中国乒乓球队一直是"王牌之师"，在国家大赛中屡次获得佳绩。然而，近年来日本队、德国队等不断崛起，这不得不引起国乒的警惕，中国队要在国际大赛中大获全胜变得越来越艰难。2018 年 5 月 6 日，中国在瑞典团体世乒赛男团决赛中的对手是德国队。首回合比拼，马龙应战波尔，马龙比赛一开始就狂攻，以 3∶0 获胜，拿下 1 分，中国 1∶0 领先。第二盘，由樊振东与菲鲁斯进行较量，樊振东以绝对优势获胜。第一局，他以 11∶4 获得比赛的先机，第二局以 11∶5 获胜。这时，中国队大比分以 2∶0 占优。第三盘，许昕与弗朗西斯科展开激烈对抗，许昕开始 0∶3 落后，虽然许昕竭力争取，最后还是以 9∶11 输掉第一局。第二局，弗朗西斯科表现出了极大的对抗性，以 8∶4 的比分领先，许昕改变战术促成 9∶9 平，最终以 12∶10 获胜。到第四局后，许昕以 4∶1 占先，最终以 11∶5 又拿下一局，以 3∶1 获胜。中国队获得了瑞典团体世乒赛男团决赛金牌。中国乒协副主席刘国梁直言："离东京奥运会还有两年，国家队应更注重创新，在先进性上超越对手。"创新精神为竞技运动项目发展的内生力量。

案例三：阿赫瓦里的执着

1968 年，奥林匹克运动会在墨西哥城举行，空气含氧量比平原低 30%，这是奥运史上参赛选手首次面临如此残酷的环境。男子马拉松比赛，沃尔德以 2 小时 20 分 26 秒夺得胜利，无法与上届成绩相比。媒体除参加颁奖的基本流程外，对其他选手并未太在意。晚上 7 点多钟，颁奖结束，其他人员开始离场。就在此时，传来意想不到的报道：不是所有人都结束了比赛，阿赫瓦里还在途中！原来，当天情况特殊，刚开始，大家都跑得很正常，但是过了大概四分之一的距离后，低氧环境让上届冠军阿贝贝退赛。跑了大概一半的距离之后，阿赫瓦里身体开始不适，即缺氧导致他的生理机能出现异常，小脑对于整个身体的平衡都失去了原有的控制。最不利的是他的膝盖严重受伤，肩部出现了脱臼情况，同时其在 19 公里处又遭其他选手踏伤。但是，他并未放弃比赛。等他跑到场内，颁奖已结束，但人们却为这一"无冕之王"激烈鼓掌。阿赫瓦里在赛后说出的令各国人民牢记的话："国家不是让我来开始比赛的，而是要我来完成这场比赛的。"最后一名却成为奥运史上的精神楷模之一。

案例四：战火中的达娜

伊拉克在北京奥运会开幕前不到十天才取得参加比赛的资格，他们并没有做好任何准备。皮划艇比赛场上，各国选手都穿着比赛服装，伊拉克运动员的衣服是旧T恤。伊拉克选手达娜2003年才第一次穿上跑鞋进行训练。伊拉克政局不稳，教练在回忆训练往事时还有些后怕："有时候，我们不得不在战场附近展开训练，有一次，我们训练后连续八次穿过战区，达娜在训练中两次与死神擦肩，虽然没有失去生命，但是惊吓过度的她当场就休克了。"如今，达娜不愿再回忆这些，但回答"训练和比赛的艰难是否让你想过不再参与"的问题时，达娜说"No"的时候很坚定。没有保障条件，运动员只能克服苦难，靠着执着和信念进行训练和比赛。战火并没有击退她，她之前得知不能参赛时非常崩溃，她的教练曾安慰她，4年后可以参加下届奥运会，21岁的达娜毫不迟疑地说："按照伊拉克局势，我不确定我足够幸运能活到下一届奥运会。"世界各地的人得知此信息后都感到震撼，在北京奥运会开幕式中，伊拉克代表团步入会场时，在场人员给予热烈掌声，对伊拉克队员的参赛表示欢迎。

案例五：哈佛、耶鲁的"百年竞争"

由于地理位置接近、学术成就相当，哈佛、耶鲁这两所顶尖学府无论是在政治、商业还是在科研领域，都形成了激烈竞争。但是在众多竞争上能称得上百年宿怨的，恐怕只有两校间的橄榄球赛了。无论对于在场上参加比赛的球员，还是在场边摇旗呐喊的观众，这场比赛都堪称两校最重要的事件。作为赛季收官战，两支球队都力图在比赛中获胜，而这场比赛也被看作"唯一有意义的比赛"（Only game that matters）。2016年11月20日，在哈佛与耶鲁的第133次橄榄球大战中，耶鲁斗牛犬队以21：14的成绩取胜。他们从落后到平局，再到反超，所以兴奋程度可想而知。美国校园体育评论选择以"最激烈的大学体育对抗"作为评价，是两校对抗最激烈的表达。自1875年开始，在每年感恩节前的周末，这场两个顶尖大学间的橄榄球赛从未间断，年复一年，宿敌间的恩怨还将继续。美式足球也有悠久的历史，一百多年来，八位美国总统和44位诺贝尔奖获得者在哈佛大学取得成功；五位美国总统，52位诺贝尔奖获得者在耶鲁成才。可见，美国哈佛、耶鲁百年竞争有利于提高学生的竞争意识和能力。

5.4　本章小结

5.4.1　构建了反映竞技运动精神价值的基本框架体系

竞技运动精神价值中的平等精神价值、竞争精神价值和团结精神价值构成了精神价值的基本构架；尊重精神价值、参与精神价值、公平精神价值、拼搏精神价值、创新精神价值、奉献精神价值、挑战精神价值、团队精神价值、友谊精神价值则是其精神价值的基本要素。

5.4.2　发现了影响竞技运动精神价值的关键核心要素

拼搏精神价值、团队精神价值和公平精神价值的影响权重位居前三，说明拼搏精神价值、团队精神价值和公平精神价值是构成竞技运动精神价值的核心成分。这一发现的启示是，现实的竞技运动必须紧紧抓住精神核心要素和核心要素的精神主旨方能有效。

5.4.3　提出了竞技运动精神价值的基本实现路径

本章提出，从提振国家意志的角度，通过竞技运动拼搏精神的引领，改善整个国家奋勇图强、不屈不挠的精神意志；从强化团队精神的角度，通过竞技运动团队合作途径，提升中华民族的效率意识和合作技巧；从净化社会环境的角度，通过竞技运动建设公平制度，创建依法治体、从严管理的治理环境。

第 6 章　竞技运动主体价值：教育价值

6.1　竞技运动教育价值结构构建

　　竞技运动的价值在不同的场域空间的表现具有差异性。竞技运动的价值是其运动性和自然性的体现，其场域空间首先对应的是密切接触的自然界。在生产力极为低下的条件下，原始人面对的是无比残酷、苛刻的自然环境对人类生存和种族延续的威胁。此时的竞技运动的教育价值显然表现为对猎杀野兽、获取食物、健体求偶等保持基因延续、种族繁衍行为的促进。在现代社会，绝大多数的人不需要猎杀野兽、采集浆果来获得生产生活的食物，很多人开始用脑力活动来获得生活所需的物品。随着智能化和信息化社会的来临，通过身体活动来获得生活来源的人只会越来越少，人们开始变得极少参加运动，所以竞技运动教育在现代生产力和生产关系背景下具有新的价值。生产力发展后，所有的科技发明都是为了简化和减少体力劳动，而这致使人类陷入了身体能力下降、免疫力下降、心理韧性不足旋涡。那么此时竞技运动教育价值就显得尤为重要了。国内学者关于竞技运动教育价值要素的研究如表 6-1 所示，国外的研究集中体现在学校体育能在教育和体育间实现融合。具体由诸如体育教育创新发展战略研究、体育行为与社会科学间的关联、体育教学给社会带来的实际教育价值、体育教学方法改进对其价值的促进、女性体育带来的社会价值等，虽然成果丰硕，但是大多研究围绕单因素进行分析。

表6-1　国内学者关于竞技运动教育价值要素研究（依时间序）

主　题	学　者	时　间	主要结论	涉及的竞技运动教育价值要素
金牌、竞技、竞技教育的本质联系①	吉林	1998 年	竞技教育需要培养从事竞技运动业务的人才，竞技运动教育能促进竞技体育不断发展	知识教育价值技能教育价值
竞技教育价值取向与协调运动员、俱乐部互逆结构的矛盾②	斯力格	2004 年	竞技运动价值取向需要协调运动员与俱乐部二者间的互逆结构，体现运动员生存、发展价值才能实现其良性发展	生存教育价值发展教育价值
基础教育体育课程改革 VS 竞技运动③	丁宝龙顾渊彦	2004 年	通过分析竞技运动的定义及课程结构，深入剖析竞技运动内在的教育性。竞技运动作为学校课程，不但需要包含基础身体训练的内容，还应该包含锻炼团队意识、交往能力、意志品质等内容	团队意识教育价值社会交往教育价值
从竞技运动与终身体育教育的关系谈高校体育教学改革④	王代波	2004 年	竞技运动与终身体育运动习惯的养成关系非常密切，高校不单是要培养学生的体质，更重要的是让学生掌握技能，促进其终身体育锻炼思想的形成	终身体育教育价值
竞技体育的教育价值研究⑤	王林	2006 年	竞技体育价值需要确立主体人的地位，促进人的健康、全面、均衡发展，另外，需要提升制度对人发展的促进作用	全面教育价值规则教育价值

---

① 吉林：《金牌、竞技、竞技教育的本质联系》，《体育学刊》1998 年第 3 期。

② 斯力格：《竞技教育价值取向与协调运动员、俱乐部互逆结构的矛盾》，《体育文化导刊》2004 年第 10 期。

③ 丁宝龙、顾渊彦：《基础教育体育课程改革 VS 竞技运动》，《北京体育大学学报》2004 年第 7 期。

④ 王代波：《从竞技运动与终身体育教育的关系谈高校体育教学改革》，《武汉体育学院学报》2004 年第 1 期。

⑤ 王林：《竞技体育的教育价值研究》，《首都体育学院学报》2006 年第 3 期。

主 题	学 者	时 间	主要结论	涉及的竞技运动教育价值要素
教育学视域下对身体教育与竞技运动的思考①	王学锋	2007 年	健身教育是针对身体这一自然性载体所指出的道德性教育过程。依据自然规律与道德规律的基本理念,提出竞技运动的道德教育隐含于身体教育中	健身教育价值 道德教育价值
竞技教育在我国的失落与重建②	张晓军	2009 年	发扬奥林匹克思想重中之重是竞技运动与文化融合、与教育协同发展,促进个人身心健康、和谐发展,实现公平竞争生态	行为教育价值
人本位竞技网球教育内容的研究③	付甲	2010 年	竞技教育既要掌握网球专项特点,又要遵循育人的特殊规律,从而开发"类生命",进而充分开发"种生命"潜能	"类生命"教育价值 "种生命"教育价值
竞技运动教育模式的教学赛季计划④	Mohr D J	2010 年	以竞技运动为教育切入点的教学模式已经获得国内众多学者支持,成为美国学校中非常重要的教育内容,成为学校赛季计划的主体内容,成为学生人格健全、综合能力提高的重要手段	健全人格价值 素质提升价值
阳光体育运动理念下中小学竞技运动教育的人本主义思考⑤	封雷 祖晶	2011 年	竞技运动教育包含竞争、超越、追求卓越等基础元素,是针对运动项目有计划、有组织、有目的的活动	竞争教育价值

① 王学锋:《教育学视域下对身体教育与竞技运动的思考》,《体育学刊》2007 年第 9 期。
② 张晓军:《竞技教育在我国的失落与重建》,《体育学刊》2009 年第 12 期。
③ 付甲:《人本位竞技网球教育内容的研究》,硕士学位论文,吉林体育学院,2010。
④ D. J. Mohr, J. S. Townsend, S. M. Bulger, 陈森林:《竞技运动教育模式的教学赛季计划》,《西南师范大学学报(自然科学版)》2010 年第 6 期。
⑤ 封雷、祖晶:《阳光体育运动理念下中小学竞技运动教育的人本主义思考》,《南京体育学院学报(自然科学版)》2011 年第 6 期。

续表

主 题	学 者	时 间	主要结论	涉及的竞技运动 教育价值要素
摔跤运动的特点及 教育价值 研究①	郭露露	2013 年	摔跤教育价值：提高机能、心理素质、意志品质、挑战能力、应变水平及抗压水平等	技能教育价值 应变教育价值 抗压教育价值
南京青奥会对青少年的德育价值及其实现路径②	杨静	2014 年	竞技运动可以锻炼身体，更对人的品质有塑造价值，是重塑青年品质，修复青少年失衡身心的催化剂	道德教育价值
竞技体育三层次教育价值分析③	周李莉	2014	竞技体育的个体教育价值：拼搏意识、法治意识、鉴赏水平、角色扮演；对组织：丰富教学、提升手段、扩大影响、筹集经费；对社会：塑造人才、培养人才、协调发展、促进和谐	团队教育价值 规则教育价值
自我同一与社会化促进：南京青奥会对青少年成长的影响④	张和 和立新 丁文	2014 年	青奥会仪式性促进青少年自我同一性的认知和社会化进展，具体表现在青少年角色扮演的同一性以及交往社会化的良性促进作用上	社会化教育价值
论竞技体育的教育价值——竞技体育发展的起点和归宿⑤	孟欢欢	2015 年	竞技体育必须理直气壮地进校园，发挥竞技体育本身的教育价值，促进竞技体育与学校教育良性融合驱动发展，以及青少年身心能力提升	身心教育价值

---

① 郭露露：《摔跤运动的特点及教育价值研究》，硕士学位论文，北京体育大学，2013。

② 杨静：《南京青奥会对青少年的德育价值及其实现路径》，硕士学位论文，苏州大学，2014。

③ 周李莉：《竞技体育三层次教育价值分析》，《西南师范大学学报（自然科学版）》2014 年第 6 期。

④ 张和、和立新、丁文：《自我同一与社会化促进：南京青奥会对青少年成长的影响》，《体育与科学》2014 年第 3 期。

⑤ 孟欢欢：《论竞技体育的教育价值——竞技体育发展的起点和归宿》，《武汉体育学院学报》2015 年第 12 期。

续表

主　题	学　者	时　间	主要结论	涉及的竞技运动教育价值要素
学校体育中的竞技运动及其价值①	王登峰	2016 年	完美的人性需要在激烈的比赛赛场对抗环境中、在激烈博弈的竞技场上形成。青年一代常参与各项竞技运动项目可以促进身心健康、协调发展。国家可通过运动文化底蕴来改造整个社会的文明环境	身心教育价值
从"竞技运动的美学"到"身体教育的思想"（一）——樋口聪学术研究轨迹访谈录②	王水泉	2018 年	对日本广岛大学樋口聪教授进行访谈后发现，他 1987 年所作的《竞技运动的美学》揭示了竞技运动参与者审美体验的结构特征，1994 年出版的《游戏的身体》站在游戏论和身体论的立场研究了竞技运动的价值	审美教育价值
从"竞技运动的美学"到"身体教育的思想"（二）——樋口聪学术研究轨迹访谈录③	王水泉	2018 年	受身体论启发，他把人等于身体来对待，提出"身体教育"的基本理念，强调感性在教育中的根基地位，倡导重塑学科边界，构架教育的合理结构。只有通过对以竞技运动为主的学校学习内容进行变革才能实现体育价值	身体教育价值

本文试图构建价值结构。竞技运动教育价值的构建必须本着体现时代背景、符合价值本质、体现运动特征的理念进行。竞技运动教育价值需要通过满足客体的教育需求来实现，如意志力的提升、技术能力的提高、竞争意识的增强、文化素养的提升等。我们只有具备全面、动态、辩证、历史的思维方式，才能厘清价值之间千丝万缕的关联。为此，本文根据文献和访谈构建了教育价值的价值链结构和区块链结构，制订好以后提请专家对其效度进行审定，为结构的构建奠定了基础。如表 6-2 所示，教育价值结构由三个二级层次的教育价值要素和九个教育价值的三级要素组建而成。其中二级要素的分类是思想教育价值、行为教育价值和文化教育价值。每个二级要素又由三个下级要素组建而成，其中，思想教育价值由规则教育价值要素、竞争教育价值

---

① 王登峰：《学校体育中的竞技运动及其价值》，《体育教学》2016 年第 11 期。
② 王水泉：《从"竞技运动的美学"到"身体教育的思想"（一）——樋口聪学术研究轨迹访谈录》，《体育与科学》2018 年第 5 期。
③ 王水泉：《从"竞技运动的美学"到"身体教育的思想"（二）——樋口聪学术研究轨迹访谈录》，《体育与科学》2018 年第 6 期。

要素、诚信教育价值要素构成；行为教育价值由自律教育价值要素、适应教育价值要素、意志教育价值要素构成；文化教育价值由知识教育价值要素、技能教育价值要素、理论价值教育要素组建而成。这九个要素构成了教育价值结构的三级层次，九个三级要素的具体内涵如表6-2所示。

表6-2　竞技运动教育价值的基本体系及其层次结构

一级要素	二级价值要素	三级价值要素	要素内涵
竞技运动教育价值	思想教育价值（C1）	规则教育价值（C1-1）	遵守规章制度，适时运用规则
		竞争教育价值（C1-2）	积极投入竞争，具备竞争技巧
		诚信教育价值（C1-3）	诚实参与对抗，杜绝投机取巧
	行为教育价值（C2）	自律教育价值（C2-1）	严格要求自身，行为极为自控
		适应教育价值（C2-2）	善于分析环境，强于持续调整
		意志教育价值（C2-3）	善于直面挫折，坚持奋勇图强
	文化教育价值（C3）	知识教育价值（C3-1）	掌握竞技知识，合理转化知识
		技能教育价值（C3-2）	扎实掌握技能，充分展现技艺
		理论教育价值（C3-3）	掌握系统理论，建构科学理念

考察竞技运动价值结构的各要素可以发现：竞技运动教育价值各形态并不是单独存在、互相之间毫无关联，或与其他要素之间没有实质联系，实际上，竞技运动教育价值与竞技运动其他价值联系紧密，如与竞技运动精神价值、外交价值、军事价值、文化价值等密切相关。同时，竞技运动价值结构的三级要素之间也不是相互独立的，它们之间也有要素内涵的重叠和交互。以竞技运动思想教育价值为例，思想教育价值功效通常引导行为教育价值的实现，而文化教育价值的效果制约着思想教育价值的最终实现。综上所述，我们只有全面理解整个竞技运动价值结构中各个要素的本质内涵及各要素间的必然联系，才能准确把握竞技运动教育价值，动态理解各价值要素与社会间的关联，也才能实时、准确地实现竞技运动价值。竞技运动在起源之时只是简单的具备原始规则的游戏、身体运动，它并不自带教育功能及教育属性，然而随着现代社会的发展，竞技运动的价值和功能不断迭代，而且其萌生出了多维度的教育价值。所以，我们只有准确把握当今时代的教育价值，才能充分挖掘竞技运动的多样化价值。

6.2 教育价值结构核心要素解析

如上文表6-2所示，本文所构建的竞技运动的三级教育价值共由九个三级要素构成。为充分剖析这些竞技运动教育价值要素的重要程度及其与当今社会之间的真实关联，我们运用主成分分析法对9个三级要素进行了调查，并接着进行了数理统计活动，其结果如表6-3所示。考察旋转后的因子载荷平方和特征值结果后发现：竞技运动教育价值三级层次要素C2-3、C1-2、C3-2，即竞技运动意志教育要素、竞争教育要素和技能教育要素的特征值较大，其特征值分别为7.562、2.989和2.632，累计方差百分比为58.352%、72.667%、81.029%（其特征值均大于1）。由此分析结果可以发现：以上三个基本因素构成了竞技运动教育价值区块链结构的主体要素。采用主成分分析法我们发现，三者共同涵盖了原变量信息的占比达到了81.029%，三个因子涵盖了竞技运动教育价值的主体要素内涵。显而易见：现代社会环境呼唤竞技运动发挥意志教育要素、竞争教育要素和技能教育要素，全面赋予竞技运动的教育使命担当。由此可见，意志教育要素、竞争教育要素及技能教育要素是竞技运动教育价值纵向区块链中的主要要素。

表6-3 竞技运动教育价值解释总方差表

教育价值要素	协方差矩阵的特征值			因子载荷平方和			旋转因子载荷平方和		
	特征值	方差百分比	累计方差百分比	特征值	方差百分比	累计方差百分比	特征值	方差百分比	累计方差百分比
C2-3	8.618	56.328	56.328	8.354	57.354	57.354	7.562	58.352	58.352
C1-2	1.465	12.352	68.680	1.524	13.526	70.880	2.989	14.325	72.667
C3-2	1.057	7.354	76.034	1.548	9.652	80.530	2.632	8.352	81.029
C2-2	0.732	4.358	80.392						
C3-1	0.635	3.532	83.924						
C3-3	0.521	3.924	87.848						
C1-1	0.432	4.352	92.200						
C1-3	0.325	4.138	96.338						
C2-1	0.132	3.662	100						

　　在竞技运动教育价值的二级层次思想教育要素（C1）中，我们通过分析协方差矩阵特征值可发现：虽然（C1-2）的特征值高于其他两个层次要素，但这并不意味着其他两个层次要素不重要，适时、合理地对竞技运动参与者进行规则、诚信教育，对于形成公平、公正、公开的社会公共环境异常重要；在行为教育价值（C2）中，我们考察协方差矩阵特征值后可以发现，虽然（C2-3）的特征值高于C2-1、C2-2这两个要素，但这并不说明C2-1、C2-2两个要素不重要，对竞技参与者进行自律和适应教育对于增强其意志具有意想不到的效果；在文化教育价值（C3）中，我们考察协方差矩阵特征值后可以发现，虽然（C3-2）的特征值高于C3-1和C3-3这两个要素，但这并不说明C3-1、C3-3两个要素可以舍弃，科学合理地进行知识、理论教育对于竞技参与者运动技能的提升至关重要。如表6-3所示，C2-3的特征值居于首位，说明了高水平竞技训练是艰苦卓绝的身心对抗；竞争教育要素的特征值排在第二，说明竞争过程是异常激烈、涉及因素广泛的博弈过程；技能教育要素的特征值排在第三，说明竞技运动要求参与主体身心、精神、智力等综合表现良好，竞技者高超的技术能力对大众具有技术标杆般的教育价值。

6.3　实现教育价值核心要素的路径

　　意志教育价值属首位核心要素。现实分析结果显示，人们在参与竞技运动训练时需要持续克服艰难险阻，承受和处理各种意外情况，甚至要挑战生理和心理极限，忍受长期、系统、枯燥无味、单调重复的训练过程，所以许多意志不够坚定的参与者都只能半途而废，前功尽弃。实践证明，但凡最后能脱颖而出的优秀选手无不经历过岁月的洗礼和困苦的磨砺。意志教育往往需要选手陷于破釜沉舟和背水一战的艰难险境，从而激发运动员的积极性、斗志和不顾一切困难也要战胜对手的勇气和决心。显而易见，竞技运动意志教育对于改善整个民族精神面貌的教育价值日趋重要。我国向来高度关注竞技运动的健康、和谐及可持续发展。我们一方面希望通过运动和各种身体对抗手段提高竞技运动参与者的体质，另一方面希望通过艰难困苦的身心对抗过程提升国家的积极、正能量的精神底蕴。可见，竞技运动的健康发展体现在积极引导职业、社会和校园竞技运动形式散发独特魅力和深层价值发展；不断提高普通民众，特别是青少年的体育素养；全面赋予新时代背景下竞技运动提升民族精神面貌的教育担当。

　　竞争教育价值是重要核心要素。竞技运动之所以称为竞技运动，是因为竞争属性为其重要的内在本质属性之一，也是竞技运动发挥教育价值的重要载体。社会缺乏良性竞争环境，就会变得没有朝气和活力。显而易见，竞技运动不仅是建立在机会平等前提之下的社会竞争性活动，还是对抗激烈、淘汰残酷的游戏性身体运动。历史维度的竞技运动客观实践活动不断证明：所有竞技运动项目的普及与提升，既要体现竞技运动的本质特征和发展的必然规律，又要充分发挥竞技运动的竞争教育价值。可见，竞争教育对促进思想教育、法治教育和行为教育等的发展具有良性、积极的推动作用。我国历来重视竞技运动的竞争教育价值的发挥。我们不仅希望通过竞技运动赛事不断彰显国家和民族的经济、政治和文化改革综合治理成果，而且期盼通过各项赛事激烈、公平竞争行为的熏陶促进积极进取的社会生态的形成。所以，我们应充分挖掘竞技运动的竞争属性，通过高水平的竞争示范，强化良性和积极的社会竞争氛围。

技能教育价值是基础核心要素。分析结果显示，竞技运动教育价值的物质载体是充分发挥人体身心潜力的竞争性项目的专项技术。在高水平竞技运动实践中，专业运动员价值的实现在很大程度上取决于其专业技能向社会输送和传递的程度。管理部门建立相应制度可以保证竞技运动常规赛事和体育技能培训活动的开展，促进社会成员运动技能的形成和提升。为此，我国近年来陆续出台与竞技运动相关的经济发展政策，公派数千名专业教师赴欧美竞技运动发展程度较好的国家和地区的俱乐部和体育管理部门进行专门进修，这一系列措施显然有利于技能教育价值的发挥。我们应借此鼓励退役运动员和体育教师积极深入社会的各个领域开展技能教育活动，指导普通民众开展技术演练和丰富多彩的常规竞赛活动；帮助不同项目的优秀选手在竞技运动行业转型创业和再就业，引导竞技运动的业余爱好者提升专业技能水平。总而言之，要想实现竞技运动价值，我们就要充分发挥竞技运动高超技术表现对提升民众竞技运动技术素养的效应。

附：竞技运动教育价值案例

案例一：遭空难球队获重生

沙佩科恩斯足球队在 2009 年还是巴西的第四级球队，其在 35 年后重返巴甲。2016 年 11 月 29 日，沙佩科恩斯足球队在前往参加南美杯决赛的飞机上遭遇事故，机上 77 人有 71 人罹难。这一刻，无论是巴西球迷还是阿根廷球迷都放下偏见，纷纷为球员祈福。南美足联同意俱乐部要求，把南美杯冠军奖杯颁发给了沙佩科恩斯队。俱乐部联盟提出帮助条款：对 2017 年联赛赛季球员的租金进行全免；正式向国家申请暂时不要给球队降级。不过球员婉拒免降级的优惠条件，希望通过自己的不断成长和进步获得提高。在此理念之下，俱乐部开始恢复活力，不但没有使用任何特权，还用硬实力敲开了联赛大门，提前三轮保级成功，所有运动员都为之欢欣鼓舞。之前球队在事前庆祝决赛成功的歌曲 "Vamos Vamos Chape" 被轮番播放。在一年后，"Vamos

Vamos Chape"又一次响彻沙佩科恩斯更衣室，他们通过自己的努力，不离不弃、不相信命运安排，在暴击后没有萎靡不振、畏首畏尾，而是选择越挫越勇、奋勇图强。沙佩科恩斯队的故事被广为传颂，成为竞技运动领域的一段佳话！

案例二：一代行动偶像：李娜

李娜出生于武汉，6 岁时父亲让她学习羽毛球，后在夏溪瑶教练的建议下开始练网球。网球练习费用不低，而且李娜父母收入并不高，但是他们却竭尽所能为她提供学习条件。李娜住在体校后，周末时她的父母都会以 5 元 / 小时租场地给女儿训练，让不满 10 岁的李娜参与成年组的训练和比赛。14 岁那年，李娜进入省级队伍。父亲去世后，李娜希望实现父亲在世时没有实现的愿望。第二年，在教练的严格训练之下，李娜斩获全国冠军。此时，李娜觉得选手应有教练的组合针对性辅导、计划及应变，战果应与教练收入相联系。北京奥运会之后，政府允许选个人参赛。选手的执着程度、刻苦耐劳、任劳任怨、数年如一日的坚持将成为获胜关键。在法国举行的大满贯赛事（2011 年 6 月 4 日）中，她以 2∶0 战胜斯齐亚沃尼夺金。经过自身的不断努力，李娜终于成为网球领域顶尖的运动员，成为这个领域的王者之一。李娜在赛后接受采访时很诚实地回答："天上不会掉馅饼，所有的成功都是不断进取不断追求，不断克服各种困境才能达成的。"她成为激励人们迎难而上和克难而胜的楷模。

案例三：齐达内的"敢作敢为"

2006 年 7 月 10 日，第 18 届足球世界杯比赛中，齐达内率法国发起金牌争夺战。比赛双方在规定的时间里面都只进了一个球。加时赛时，齐达内的头球攻门被布冯挡住，后遭到马特拉齐拉扯球衣，他愤怒不已并用自己的头部拼命撞向对方的胸口以发泄自己的强烈不满，结果被红牌罚下场，而失去灵魂人物的法国队最后失去了整场比赛，同时他也以戏剧化的形式结束了自己的足球生涯。赛后，他表示非常后悔，他愿意接受纪检部门的调查，并对自己的不理智行为作出真诚的解释和道歉："在比赛的前半部分，两支队伍势均力敌，虽然有身体冲突，但是还不至于发展成暴力。过了一会儿开始出现冲突，他扯我的球衣，我跟他说过，如果要换球衣，赛后再说。在拉扯球衣时，他说了非常多无法令人接受的话。他有故意挑衅的嫌疑，所有言语都伤及内心，且非常恶毒，我整个人都不好了，于是我失去了对情绪的控制，我要向所有青少年道歉，向所有让足球变得与众不同的教练员致歉。"优秀运动员良性公众行为必将对大众产生示范效应。

案例四：有一种能力叫"科比"

科比·布莱恩特，1978年出生于费城，曾是篮球后卫／小前锋，绰号是"黑曼巴"。世界各地都有他的球迷，他在球场上有极强的掌控力。他的整个NBA职业生涯（1996—2016）效力于NBA洛杉矶湖人队。他的父亲乔·布莱恩特也是篮球球员。科比是NBA联盟当中最好的球员之一，他在职业生涯中赢得了非常多的荣誉和奖项。他精通突破、投篮、罚球和三分球等各项技术，在整个球场上几乎没有盲点，单场比赛中曾经砍下惊人的81分。此外，科比的综合能力非常突出，被公认为NBA最具有进攻能力、令对手感到害怕、能力全面的球员之一。"体育画报"NBA作家克里斯·巴拉德曾经称科比是"使用脚步和停顿"让非中枢脚向前移动让后卫放松，然后快速发动进攻赢得比分的可怕选手。2016年4月14日，科比·布莱恩特在主场对阵爵士的常规赛后宣布退役。2018年3月13日，科比凭借和动画师格兰·基恩合作的短片《亲爱的篮球》获得第90届奥斯卡最佳短片奖。科比在篮球场上的卓越竞技表现对于参与篮球运动的人们是一种潜移默化的教育。

6.4　本章小结

6.4.1　框架性构建了教育价值的基本体系

竞技运动教育价值要素中的思想教育、行为教育和文化教育共同构建了竞技运动教育价值的构架；规则教育要素、竞争教育要素、诚信教育要素、自律教育要素、知识教育要素、技能教育要素、适应教育要素、意志教育要素、理论教育要素则是竞技运动教育价值的基本要素。

6.4.2　解析性发现了教育价值的关键要素

竞争教育要素、意志教育要素和技能教育要素的权重值依次位居前三。由此表明：竞争教育要素、意志教育要素和技能教育要素是构成竞技运动教育价值的主体成分，实践中竞技运动教育只有紧紧依从教育要素的主要矛盾和主要矛盾的主要方面方能达成预期目的。

6.4.3　分层性地提出实现教育价值的路径

我们企望从振奋民族精神风貌的实施维度，通过各层次竞技运动的意志教育手段，提升国家和民族意志；希望从强化法治的维度，通过竞争教育手段，净化竞争的社会环境；期望从提高普通民众生活品质维度，通过竞技运动身体运动教育措施，提高全体公民的体育素养。

第 7 章　竞技运动主体价值：文化价值

7.1　竞技运动文化价值结构构建

　　竞技运动与文化密切相关。竞技运动文化是在运动训练或竞技比赛中逐步构建的集体信念、运动道德、意志品质、行为作风等在团队作风、纪律性、凝聚力等维度的综合表现。相对于竞技运动主体而言，它是我国竞技运动可持续发展的精神财富，是运动员不断获得运动成绩的强大精神动力。它反映了竞技参与者在思想、观念、情感、行为方面的有序化融合程度。竞技运动文化的培养分为队员协作能力训练、教练的训练协作能力培养、协同合作精神培养、集体思想养成、共同目标确立、制定规章制度、爱国思想教育等环节。竞技运动文化价值体现在队员团结、协同对抗等方面。运动员之间、运动员和教练之间的和谐相处会使比赛中的战术行动更加默契。国内学者关于竞技运动文化价值要素的研究如表 7-1 所示，而国外的相关研究集中体现在健康生活方式、传统体育文化、文化意识重构、核心道德规范、体育文化整合、青年体育文化等方面，虽然成果较多，但是多为单因素研究。本研究主要试图构建竞技运动文化价值结构体系，解构其文化价值组成要素，揭示其文化价值的实现路径。

表7-1　国内学者关于竞技运动文化价值要素的研究（依时间排序）

主　题	学　者	时　间	主要结论	涉及的竞技运动文化价值要素
最有价值的游戏——关于竞技运动的文化哲学随想①	李力研	1989 年	竞技运动被视作游戏，使人萌生茫然感，使那些视竞技运动为"橱窗"的人感觉荒谬。竞技运动是人类社会的特殊游戏，只不过此类游戏充分展示价值性	游戏文化价值
略论体育运动团队文化②	刘一民 王健	2001 年	竞技运动团队文化是团队成长中经潜移默化而构建的，并为集体坚决隐形执行的精神家园、集体信念、仪式感来源以及文娱氛围	团队文化价值
竞技运动文化属性的皈依——从工具到玩具③	胡小明	2002 年	改革开放以来，中国体育经历了纷繁复杂的悲喜过程，不知不觉中竞技运动的性质已悄然发生变化，竞技运动最终将实现玩具属性的皈依	娱乐文化价值
关于建构中华民族当代竞技体育精神文化的思考④	张军 许声宏 王润斌	2005 年	中国社会的不断进步和文明的不断推进离不开与之相适应的竞技运动文化的构建，而文化建构须在传承基础上高度关注实际社会现状，建构精神文化的基石	娱乐文化价值
高校校园体育物质文化建设探析⑤	李兆元 崔晓良 司昌莉 罗佳义	2008 年	高校校园竞技运动的物质文化是其文化载体，但中国体育文化推进不均衡、建构意识偏差、团队管理薄弱，所以以人们在实践中需要增大投入力度，加强管理，提升建设水平	物质文化价值

① 李力研：《最有价值的游戏——关于竞技运动的文化哲学随想》，《体育与科学》1989 年第 4 期。

② 刘一民、王健：《略论体育运动团队文化》，《首都体育学院学报》2001 年第 1 期。

③ 胡小明：《竞技运动文化属性的皈依——从工具到玩具》，《体育文化导刊》2002 年第 4 期。

④ 张军、许声宏、王润斌：《关于建构中华民族当代竞技体育精神文化的思考》，《北京体育大学学报》2005 年第 9 期。

⑤ 李兆元、崔晓良、司昌莉、罗佳义：《高校校园体育物质文化建设探析》，《哈尔滨体育学院学报》2008 年第 2 期。

续表

主 题	学 者	时 间	主要结论	涉及的竞技运动文化价值要素
从运动员四大问题注册现象看我国竞技体育制度文化缺失①	龚波 曾桂生 李震	2008 年	制度文化构建是竞技运动的薄弱环节，究其原因，既有传统文化遗留，又有现实原因。竞技运动中倒注、抢注、复注、改注的混乱现象反映了我国竞技体育制度文化在法理精神、制度理性、制度创新等方面的缺失	制度文化价值
体育场馆对体育文化的宣传方式及功能研究②	黄衍存	2012 年	体育场馆文化的媒体宣传、运动教育、精神激励功能对区域文化影响力、城市竞争力、文化传播力和竞技运动的发展大有裨益	场馆文化价值
体育竞争文化论纲③	张春燕	2015 年	竞争性是普适性文化的社会现象，更是体育的独特、本源属性。竞争的超越性促成和谐发展、多维竞争优势、组织制度文化、良性竞争制度、健康竞争行为等	竞争文化价值
竞技体育社会功能论析及其文化价值新解④	陈德旭	2015 年	人以竞技运动为载体凸显克服自然宿敌的文化价值：人化自然的表达与自然化人的回归；呈现出化解与他人于社会竞争体中抽象矛盾的制度行为价值；化敌为友的约束夙愿与和谐共处的规范目标；彰显出勇于挑战的精神文化价值；困惑破解的自我超越与信仰即成得到力量感召	物质文化价值 制度行为价值 精神文化价值

　　竞技运动文化是社会文化中的构件。竞技运动文化价值表现在其对锻炼人群的带动方面。精英竞技运动领域的运动员都是专业选手，他们所参加的比赛大都是高层次的比赛，而社会体育领域的锻炼者都是业余选手，他们所参加的比赛竞技水平相对较低，但是他们也希望提高自身的运动竞技水平。专业选手表现出来的精湛技艺、稳定

---

① 龚波、曾桂生、李震：《从运动员四大问题注册现象看我国竞技体育制度文化缺失》，《武汉体育学院学报》2008 年第 7 期。

② 黄衍存、刘胜峰：《体育场馆对体育文化的宣传方式及功能研究》，《哈尔滨体育学院学报》2012 年第 6 期。

③ 张春燕、钟明宝：《体育竞争文化论纲》，《南京体育学院学报（社会科学版）》2015 年第 5 期。

④ 陈德旭：《竞技体育社会功能论析及其文化价值新解》，《山东体育学院学报》2015 年第 6 期。

的心理素质、出神入化的战术变化、充沛的体能供给等都对业余选手起到了激励和示范效应。因此，每当本国选手在某项目上取得突破时都会引起业余爱好者的练习高潮。竞技运动文化极大地影响、感染和促进着社会体育锻炼人群的锻炼意识和锻炼行为。运动氛围的形成是从不自觉到自觉，从潜性到显性。社会运动氛围的形成还与经济发展以及人们余暇时间的多少密切相关，而运动氛围形成后将大大增强大众的锻炼意识，提高其锻炼热情，促进人们身体体质的提高。同时，运动氛围的形成将会改变部分人的生活方式，使民众的很多不良行动方式和习惯得以改善，并有更多闲暇时间参与到户外活动、极限探险等活动中来。

　　竞技运动通常通过竞技运动主体潜移默化的行为过程构建隐形的氛围文化，并体现出多样性，如竞争文化价值、道德文化价值。这些文化价值的要素往往存在语义重叠和相互涵盖的情况，而要厘清他们之间的关系，我们需要采用定量与定性相结合的方式进行建构。本文根据文献整理和专家访谈构建了竞技运动文化价值结构和三级要素内涵体系。如表 7-2 所示，其体系由三种类别（二级价值要素）及九要素组成。其中，三种文化价值分别为物质文化价值（C1）、精神文化价值（C2）和制度文化价值（C3），每种文化价值又由三要素组成，如物质文化价值（C1）主要由器材文化价值（C1-1）、场馆文化价值（C1-2）、装备文化价值（C1-3）组成；精神文化价值（C2）主要由道德文化价值（C2-1）、竞争文化价值（C2-2）、团队文化价值（C2-3）组成；制度文化价值（C3）主要由规则文化价值（C3-1）、体制文化价值（C3-2）、奖惩文化价值（C3-3）组成。表 7-2 所反映的是竞技运动文化价值的价值体系、价值层次、价值要素及其具体内涵，而其具有鲜明的层次结构、关联释义功能。

表7-2　竞技运动文化价值体系及其层次结构

一级要素	二级要素	三级要素	要素内涵
竞技运动文化价值	物质文化价值（C1）	器材文化价值（C1-1）	推动器材改进 提升科技含量
		场馆文化价值（C1-2）	融合科技艺术 体现竞技审美
		装备文化价值（C1-3）	融入生活常态 展现动感元素
	精神文化价值（C2）	道德文化价值（C2-1）	遵守社会公德 显现职业道德
		竞争文化价值（C2-2）	获胜凭借实力 展现勇猛顽强
		团队文化价值（C2-3）	构建精诚团结 遇挫协同共进
	制度文化价值（C3）	规则文化价值（C3-1）	对抗严守规范 博弈遵守契约
		体制文化价值（C3-2）	调动举国力量 支援国家建设
		奖惩文化价值（C3-3）	体现赏罚分明 落实主体责任

　　文化的概念比较宏观，与之相关的概念甚多，竞技运动文化显然属于文化的下位概念。显而易见，竞技运动文化价值要素的体现形态并非与其他要素没有联系，实际上其文化价值的实现需要其他价值要素的支撑，单独的竞技运动文化在其价值体系中并不具备实现的可能性，竞技运动文化价值要素与其他要素之间存在着千丝万缕的联系。同样，其内部各层次要素的组成元素也紧密关联，即竞技运动文化价值内部层次要素间有重叠的内涵要素。事实证明：竞技运动文化价值的结构层次密切关联，在竞技实践中存在着诸多实例例证。例如，竞技运动道德文化价值的效果往往引导竞争文化价值的实现，同时，竞争文化价值的功效往往影响团队文化价值的发挥，而团队文化价值的发挥又有赖于道德文化价值的有效发挥。因此，我们必须全面地认知竞技运动文化价值与运动、教育等的辩证关系；必须动态、历史、辩证地认知其文化价值中物质文化、精神文化、制度文化间的相互关系。由此，我们才能实时反映竞技运动文化价值与社会的关联，准确把握其本质与变革间的相关性，使其逐步变为推动社会文明进步的推手。

7.2　文化价值结构核心要素解析

　　竞技运动文化价值主要由竞技运动的物质文化价值、精神文化价值和制度文化价值构成。为了构建其细微结构，我们需要进一步对价值结构进行细分和解构。如表7-2所示，竞技运动文化价值中下位要素的结构体系是由三级层次的九个文化价值要素共同组成的。为了透彻分析和认识竞技运动文化价值要素之间的细微差异，我们可采用数理统计的方式进行求证。德尔菲法和主成分分析法在本文中得到了充分的运用，如表7-3所示，旋转后因子载荷平方和特征值表明竞技运动三级文化价值要素中的竞争文化价值（C2-2）、规则文化价值（C3-1）、器材文化价值（C1-1）的特征值相对较大，分别为8.362、8.032和7.358，同时三者累计方差百分比分别为31.352%、55.237%、71.816%，这说明竞争文化价值（C2-2）、规则文化价值（C3-1）和器材文化价值（C1-1）是构成竞技运动文化价值的重要部分。通过计算得知：以上三个价值要素反映了现实文化价值内涵信息的71.037%，而这说明"执行能力""辩证思维"以及"观察能力"是形成竞技运动文化价值结构的重要因素。因此，着重分析这三个因子有助于反映其核心内涵。

表7-3　竞技运动文化价值解释总方差表

文化价值要素	协方差矩阵的特征值			因子载荷平方和			旋转因子载荷平方和		
	特征值	方差百分比	累计方差百分比	特征值	方差百分比	累计方差百分比	特征值	方差百分比	累计方差百分比
C2-2	9.362	31.874	31.874	8.362	33.254	33.425	8.362	31.352	31.352
C3-1	8.032	17.254	49.128	8.032	19.852	52.875	8.032	23.885	55.237
C1-1	7.358	13.652	62.780	7.358	13.538	65.865	7.358	16.579	71.816
C3-2	0.982	7.865	70.645						
C1-2	0.862	7.352	77.997						
C2-1	0.752	7.252	85.249						
C3-3	0.635	6.523	92.272						
C1-3	0.432	3.982	96.254						
C2-3	0.328	3.746	100.00						

由统计结果可知，在物质文化价值（C1）中，虽然器材文化价值的（C1-1）特征值要高于场馆文化价值（C1-2）和装备文化价值（C1-3），但是场馆文化价值（C1-2）和装备文化价值（C1-3）同样意义重大。应该说"推动器材改进、提升科技含量"可以更加有效地增强"融合科技艺术、体现竞技审美"和"融入生活常态、展现动感元素"的功效。在精神文化价值（C2）中，虽然竞争文化价值（C2-2）的特征值要高于道德文化价值（C2-1）和团队文化价值（C2-3），但是道德文化价值（C2-1）和团队文化价值（C2-3）同样意义重大。应该说"获胜凭借实力、展现勇猛顽强"往往通过"遵守社会公德、显现职业道德"和"构建精诚团结、遇挫协同共进"而成为现实。在制度文化价值（C3）中，虽然规则文化价值（C3-1）的特征值高于体制文化价值（C3-2）和奖惩文化价值（C3-3），但是体制文化价值（C3-2）和奖惩文化价值（C3-3）的作用同样重大。应该说"对抗严守规范、博弈遵守契约"是基于有效发挥"调动举国力量、支援国家建设"和"体现赏罚分明、落实主体责任"价值的。因此，揭示其结构及要素时，我们必须注意主次要素之间的具体关联和权重的差异性。

如表 7-3 所示，竞争文化价值（C2-2）、规则文化价值（C3-1）、器材文化价值（C1-1）构成了竞技运动文化价值的核心要素。从整个竞技运动价值结构和主成分分析结果来看，三个要素的价值贡献位居前列绝非巧合。其中，竞争文化价值（C2-2）

的特征值最大，这说明竞技运动是非常强调竞争的社会活动，"无竞争，不体育"，竞技运动通过竞争实现优胜劣汰，通过高水平运动员的同场竞技推动竞技运动水平不断提升；规则文化价值（C3-1）的特征值次之，这明确表明竞技运动的规则文化是主体对客体的规范化要求，规则是通过强制性措施对行为主体进行规范的程式化要求；器材文化价值（C1-1）的特征值再次，这间接证明竞技器材从属于体育文化用品，依附于各竞技项目设备，也是构成竞技运动物质载体的构件，而竞技器材的特征是它具备商品的一般特点，同时还具备很强的专业特征。分析结果表明：三个要素不仅反映了不同层次文化价值的首要要素，而且也反映了竞技运动文化价值的权重。结果表明：竞技运动整体性的文化价值和层次性的要素虽然高度相关，但是并不相同。

7.3　实现文化价值核心要素的路径

竞争文化价值是竞技运动文化价值的首要核心要素。现实分析结果揭示了竞争文化价值是人类克服自身惰性的推动力。在竞争文化氛围中，运动员需要克服自身惰性才能获得生存机会。在高水平竞技运动中，时时都存在激烈的竞争，而且同一时期世界冠军只有一个，所以，任何人想要获得世界冠军都要打败同一项目同一时期的其他高手。其实现路径如下：其一，在竞争中形成独特气质。但凡高水平选手，一定会刚毅而果断地采取行动，关键时刻绝不手软，将自身勇气贯穿于比赛始终。其二，在竞争中锤炼心理品质。在精英竞技比赛中，双方实力差距甚微，此时选手的心理能力显得尤为重要。其三，形成团队作战的竞争文化。要想在竞争中获得优势，人们必须依靠自身努力和团队建设。其四，通过竞争文化克服人的惰性。其价值还在于，在竞争过程中，竞技运动客体克服劳动惰性，让人才在自由竞争的市场中优胜劣汰，从而激发国家经济发展和文明进步的活力，推动社会良性、和谐、可持续发展。

规则文化价值是竞技运动文化价值的重要核心要素。现实分析结果揭示了规则文化是规范化要求长期实施中为规范客体所形成的守规矩、讲惩罚的行为文化。各竞技运动项目都有规范化的国际规则，对运动员比赛中的各种行为都作出了极为严格的规定。因此，所有竞技参与者都必须按照规范性要求参赛。相对于竞技运动的主体而言，规则文化的价值在于竞技运动的规范化要求使竞技运动的参与者更加守规则，讲诚信。高水平竞技运动的目的在于夺得金牌，因此它具有强烈的功利性色彩。规则文化价值的实现路径如下：其一，加强体育立法。在运动竞赛中难免有人采取非正规的手段获胜，而规则文化的形成可以使运动员和教练员深知获胜要靠刻苦训练，这有利于其健康、可持续发展。其二，提高参与者的法治意识。对竞技运动客体而言，竞技运动规则文化提高了他们日常生活行为规范、法治意识。其三，加强规则意识宣传。通过规则意识宣传，大众可逐渐认识到任何胜利的果实都需在遵守规则的前提下去争取。

器材文化价值是竞技运动文化价值的基础核心要素。现实结果揭示了竞技器材的特征是，它不仅具备所有商品的共同特点，而且还具备很强的竞技运动专项特征。竞技器材是运动员进行比赛时使用的器具，也是保障发展的重要推进剂。器材文化的重要价值之一是推动专业设备的不断改进。在很多竞技项目中，选手要获得比赛的胜利，一方面要靠自身的天赋、科学的训练、良好的状态，另一方面需要有精良的运动器材作为后勤保障。其实现路径如下：其一，努力制造精良装备。在高水平竞赛中，运动员间的差距在毫厘之间，而精良的器材能为运动员提供后勤保障。运动成绩提升与选手用的最新研制的器材、装备有密不可分的联系。其二，加强运动主体和科技人员的沟通和协调。现代竞技运动的发展正在向教练员、运动员和医疗人员三位一体的方向融合发展。其三，不断通过器材创新实现成绩突破。只有创新才能打破博弈平衡，使本方占据优势。这种不断推陈出新、不断将高科技融入器材的竞技文化使"科技是第一生产力"的观念深入人心，同时不断提升竞技器材的科技含量对人的精神层面也具有激励效应。

附：竞技运动文化价值案例

案例一："超级碗"演变为狂欢

超级碗是美国国家橄榄球联盟的年度冠军赛。它与普通的竞技赛事不同，许多文化元素和表演元素被无痕地融入了这场万众瞩目的体育比赛狂欢中。2017年2月6日，美国"超级碗"按照原计划进行，在比赛之前，双方进行了全面的、精心的准备，而比赛双方是亚特兰大猎鹰队和新英格兰爱国者队。最终，爱国者队依靠触地得分完成了加时赛的逆转，获得了最终的冠军。2017年的超级碗当属"超级"，无论是在视觉感官、商业价值还是关注度等维度的评价上，都花费了大量的人力、物力、财力。比赛中场秀中，Lady Gaga配合上百台无人机进行了令人耳目一新的表演。这场具备创新思维的舞台演出共组编了300余架无人机。与烟花的燃放不同，无人机编队能排列独特的上升、盘旋、下冲等造型，可以表演各种令人眼花缭乱的动作组合。超级碗是集中了比赛和表演元素的大秀，因此被中国人形象地称为"美国春晚"，2016年的收视率达49%，每年吸引的观众比棒球联盟及篮球联盟之和还多3倍。可见"超级碗"在美国已成为文化现象。

案例二：蹴鞠博物馆现"真相"

蹴鞠是影响中国超过一千多年的运动形式和古老游戏，对足球文化具有极大的影响。足球的起源向来是世界足球理论研究中具有广泛争议性的问题，2004年国际足联正式证实足球起源于中国，而这相当于对长期的争议进行了官方性质的有力回应。2005年，在国际足球联合会等的支持下，中国首次向世界展示了中国的蹴鞠文化，专业博物馆在临淄面向大众开放。博物馆的开放一方面是为了面向大众宣传中国的蹴鞠文化，另外一方面是为了提振中国文化自信，向世界展示中国文化。2004年，国际足联在经过大量调查取证之后宣布足球的最终起源地在山东的临淄，临淄足球博物馆是充分展示足球起源和发展的博物馆。早在中国的汉代，蹴鞠就进入了鼎盛发展时期，临淄地区至今仍然保留着这一运动项目，这表明中国古代的蹴鞠运动是内隐于中国文化之中的文化基因和民族特质。临淄足球博物馆向全世界人们全面、系统、多角度地展示了足球的起源、发展和传播路径。中国通过临淄博物馆展示了古代蹴鞠运动最真实的一面，可以带领观众体验古代竞技文化，感受足球的文化基因和运动魅力。

案例三："到处踢球"的国度

巴西足球人才大量涌现，巴西球员利用他们精湛的技巧和对生活的热情向世界展示足球风格。巴西的足球学校较多，足球在全国校园非常普及，而且在各地都有基地，培养的对象是12～13岁的青少年，甚至所有俱乐部都聘请了经验丰富的教练和球探。"球探"在各个足球学校和比赛场馆中找到优秀的人才，并及时通知俱乐部。足球对巴西人民来说不只是一项运动，它俨然已成为巴西社会文化基因的重要载体，对巴西社会产生了深远的影响。巴西的教育部门将足球纳入学校教育以增加入学率，并想方设法激发学生早期的运动兴趣。足球在巴西的任何角落都很受各个阶层人民的欢迎，足球运动员数量急剧增加。巴西弗拉门戈海滩上经常有人踢足球，有的是5人一组的沙滩足球赛，进攻、防守、跑位、卡位、射门、扑救都是实战，只是场地小了一半，绿茵地变成了更难踢的沙滩。当巴西足球已成为文化植根在民众之中的时候，其实力强盛也是必然的。

案例四：韩国跆拳道园成"圣地"

韩国在全罗北道茂朱郡建成了世界上最大的跆拳道综合性园区，于2014年4月1日正式开放。其T1竞技场是世界上最大的专用跆拳道场馆，能举办国际性赛事。场馆的布局和建设紧紧围绕天、地、人的三太极理念。跳跃馆为校园、工厂等团体及教练、运动员提供休息和住宿的场所，而所有这些基础设施的建设都是为了给跆拳道爱好者提供最为周到和贴心的服务。跳跃中心是专业人士进行修炼的地方，普通游客也可在此进行修炼，其包含冥想室、修炼室、体育健身室和会议室。虚拟体验馆可以通过虚拟技术体验跆拳道的基本技术和实战技巧，感受跆拳道的"现实"。这里有表演影像室、体验区、模拟区、实战区等分区差异化体验设备和环境。跆拳道爱好者通过体验，可切身了解基本的实战技巧和基本动作。该跆拳道博物馆也是世界上最大规模的跆拳道发展历史展示馆，展示了古代至近现代的各种跆拳道文物 5 000 余件，可丰富参观者关于跆拳道的知识。除了人文设施，跆拳道园还有很多的自然景观。当世界各地跆拳道迷来到公园时，他们可以学习技能并发扬跆拳道精神。

7.4　本章小结

7.4.1　框架性地构建了竞技运动文化价值的基本体系

器材文化价值、场馆文化价值、装备文化价值、道德文化价值、竞争文化价值、团队文化价值、规则文化价值、体制文化价值、奖惩文化价值是竞技运动文化价值的基本要素。

7.4.2　解析性地发现了竞技运动文化价值的关键要素

竞争文化价值、规则文化价值、器材文化价值的权重值依次位居前三，这表明此三项要素是竞技运动文化价值的主体，说明实践中竞技运动文化必须紧紧依从文化要素的主要矛盾和主要矛盾的主要方面方能实现预期发展。

7.4.3　分层性地提出实现竞争文化价值的路径

实现竞争文化价值我们应做到：在竞争中形成独特气质；在竞争中锤炼心理品质；形成团队作战的竞争文化；通过竞争文化克服惰性。实现规则文化价值的路径：加强体育立法；提高参与者的法制意识；加强规则意识的宣传。实现器材文化价值的路径：努力制造精良装备；加强运动主体和科技人员的合作；不断通过器材创新进行成绩突破。

第 8 章　竞技运动主体价值：经济价值

8.1　竞技运动经济价值结构构建

以英国的户外运动项目为基础延续和发展至今的竞技运动得到了世界范围内的广泛接受和认可，其发展程度是社会文明程度的重要指标之一。显而易见，竞技运动经济价值是国富民强的晴雨表。《2015 年国家体育产业规模及增加值数据的公告》统计结果表明其总额达到了 1.7 万亿元，占 GDP 的比重是 0.8%（美国占 2.9%，全球约为 2%），美国人均体育消费是中国的 20 多倍。这说明我国竞技运动的经济价值潜力巨大。由此可见，竞技运动经济价值属性必然从属于体育而又体现其本源性、特有性、独特性。国内学者关于竞技运动经济价值要素的研究如表 8–1 所示，而国外的研究集中于大型赛事经济活动对公民自豪感的影响、冠军效应对举办城市的经济影响、青年工薪阶层对运动的期望、社区体育俱乐部的经济营收、体育经济与政策的关联、社区体育与经济的关联、足球的传播与经济发展和体育组织的经济问题。尽管成果较多，但相关研究多为单维的。

表8-1　国内学者关于竞技运动经济价值要素研究（依时间排序）

主　题	学　者	时　间	主要结论	涉及的竞技运动 经济价值要素
市场经济体制下中国体育经济发展研究①	杨越	2003 年	在国民收入分配新格局下，体育消费表现出不平衡性，既存在增长的有利因素，又存在非常不利的因素，我们因此应采取措施，提升体育消费。经济转型存在不符合市场经济规律的改革倾向，因此我们必须进行制度建设与创新	休闲器材价值 竞技器材价值
浅论体育的经济功能与价值②	刘春来 罗林	2004 年	随着体育产业化、社会化明显提速，我们需在俱乐部制、企业介入、衍生商品的生产方面进行多项改革，以促进竞技运动经济价值的实现。竞技运动产业的发展需要我们在剖析其本质特征的基础上进行合理构建	赛事经营价值 赛事连带价值
耦合性：大型竞技运动赛事与城市经济良性互动的关键③	孙海燕	2004 年	大型赛事的良好设计和合理运营是赛事长期、可持续发展的保证。大型竞技赛事与城市经济提升形成良性互动的重要影响因素是两者之间存在着的某种耦合性。因此，大型赛事发展是经济提升的推动因素	赛事经纪价值 赛事经营价值 赛事连带价值
现代竞技器材装备研发的组织运作类型④	谷晨	2006 年	竞技器材研发的不利因素和局限性：研发目标针对大型赛事的运作和运动员短期内竞技能力的提升，研发人员来自多部门，相互之间无法进行团队协作，其经济价值的开发不易形成长期性和系统性特点	竞技器材价值

---

① 杨越：《市场经济体制下中国体育经济发展研究》，博士学位论文，中国社会科学院研究生院，2003。

② 刘春来、罗林：《浅论体育的经济功能与价值》，《哈尔滨体育学院学报》2004年第1期。

③ 孙海燕：《耦合性：大型竞技运动赛事与城市经济良性互动的关键》，《南京体育学院学报（社会科学版）》2004年第6期。

④ 谷晨：《现代竞技器材装备研发的组织运作类型》，《北京体育大学学报》2006年第11期。

续表

主　题	学　者	时　间	主要结论	涉及的竞技运动经济价值要素
滨海体育的多元价值及我国滨海体育发展研究[①]	洪家云	2008 年	滨海体育集中了竞技、休闲、医疗等元素。滨海体育能带动健康经济及休闲经济的快速发展。滨海体育经济的发展需要提高相关配套设施的建设，提高该领域从业人员的体育技能和培训技巧	健康经济价值医疗经济价值
体验经济时代下我国体育健身俱乐部营销策略探析[②]	崔雪萍	2008 年	体验经济的基本理论依据在于人们对运动对象拥有直观的、具象的感受，同时可通过竞技运动的激烈对抗达到狂欢、发泄的目的。竞技运动经济价值的实现需要不断提升营销策略的可行性、实用性	健康经济价值功能康复价值
我国地方经济发展水平与竞技体育实力关系的实证研究：基于第11 届全运会的数据分析[③]	李金早张洋	2014 年	地方经济发展和全运会中各个省市获得的奖牌总数之间存在着线性相关关系，而人均 GDP 与该指标之间存在着倒 U 形状的线性关系，由此可见竞技运动的发展推动着地方经济的发展	赛事连带价值
竞技运动社会经济价值研究[④]	安龙	2015 年	竞技运动价值主要表现为政治价值。随着社会进步与中国面貌发展变化，竞技运动的经济价值呈现不断增长的趋势。经济价值的实现需要从其内在本质属性入手，挖掘其潜在驱动因素，使之更好地被老百姓理解和接纳	功能康复价值功能锻炼价值

① 洪家云：《滨海体育的多元价值及我国滨海体育发展研究》，博士学位论文，北京体育大学，2008。

② 崔雪萍：《体验经济时代下我国体育健身俱乐部营销策略探析》，硕士学位论文，北京体育大学，2008。

③ 李金早、张洋：《我国地方经济发展水平与竞技体育实力关系的实证研究：基于第11 届全运会的数据分析》，《首都体育学院学报》2014 年第 5 期。

④ 安龙：《竞技运动社会经济价值研究》，《现代商贸工业》2015 年第 11 期。

续表

主　题	学　者	时　间	主要结论	涉及的竞技运动经济价值要素
体育产业发展对经济增长影响的动态计量研究①	张羽	2016 年	政府应高度重视当前体育产业的阶段特点，优化资金的增量资产，致力于从质量提升和大众体育发展的角度提振我国体育产业的发展势头，同时坚持创建竞技运动强国的构想，发展国际 A 端体育竞技的体量和质量	赛事经纪价值
"供给侧改革"对我国体育产业发展的启示——基于新供给经济学视角②	李博	2016 年	供给侧改革是经济发展的价值哲学思维模式，本质是提高全要素生产效率。缩减无效的供给是基本前提，提升有效供给是根本出路，改革创新是体育产业实现跨越式发展的必经之道	健康经济价值
中国马拉松金牌赛事运营管理模式及成效研究③	赫立夫	2016 年	品牌赛事促使马拉松式旅游经济快速发展，带动产业聚集。由于马拉松赛事的投入和产出比较高，所以大量赞助商都愿意加盟。根据赛事所在地的特点和人文底蕴设计赛事可以使赛事价值最大化	健康经济价值旅游经济价值
国外体育竞赛表演市场发展分析及启示④	党挺	2017 年	国外竞赛表演特征涵盖延伸、整体、优化性等倾向，呈现出经济、社会和关联效应等外在表现；内在动力为经营主体的自我调节、行业或市场的动态调控、政府的强制性监管或独立监管相融合的方式	赛事经纪价值赛事经营价值

①　张羽:《体育产业发展对经济增长影响的动态计量研究》，博士学位论文，东北师范大学，2016。
②　李博:《"供给侧改革"对我国体育产业发展的启示——基于新供给经济学视角》，《武汉体育学院学报》2016 年第 2 期。
③　赫立夫:《中国马拉松金牌赛事运营管理模式及成效研究》，硕士学位论文，河南大学，2016。
④　党挺:《国外体育竞赛表演市场发展分析及启示》，《体育文化导刊》2017 年第 6 期。

主　题	学　者	时　间	主要结论	涉及的竞技运动经济价值要素
试论经济模式变革下我国竞技体育的可持续发展①	袁永彦	2017 年	随着文明的推进，竞技体育已经从单维的高水平运动形式逐步转化为社会体育运动，其属性的外延不断扩充和增大。在当前我国经济模式变革的背景下，技术、人力、资金等的支持显然是竞技运动经济价值实现的基础	赛事经营价值竞技器材价值功能养生价值
供需视阈下我国竞技体育发展战略研究②	辜德宏	2018 年	供给改革路径以发展调整服务核心主体、以制度创新推进产品调整、以政府职能改革促进民间力量支持和援助、以推进多元治理机制改变供给模式、以技术创新提高全资源要素相互配合的水平	赛事经纪价值

传统的政治经济学对经济内涵的界定包括：①经济关系包含社会生产关系的总和，它指人在生产和劳动中构建的与之相适应的生产关系，是上层建筑的基础元素；②经济再生产涵盖了物质资料、精神资料以及人的再生产；③经济是国民经济的总称。"价值"的英、德、法语词源是 Wer(加固和加强等含义) 和 Valus(堤坝)。由此可以发现，价值的具体内涵是事物适应人的纷繁复杂需求和满足人的多维度需求的属性，商品的内在属性是经济价值实现的基本形式。经济价值的实现就是从产品或者服务中获得利益的全过程。在创造和形成经济价值时，人的活动总以特定利益为基本前提，且与特定政治、文化要素相联系，因此，经济价值反映特定的时代背景与诉求。竞技运动往往通过其本质属性满足需求，进而实现价值，由其所满足需求的纷繁复杂而体现多样化，如赛事经济价值、赛事连带价值、健康经济价值、器材经营价值等。对于这些经济价值要素的意义、作用与功能，我们往往需要通过分层、细化才能合理构建。本文根据文献整理和专家访谈，构建了竞技运动经济价值结构和三级要素的内涵体系，如表 8-2。

① 袁永彦：《试论经济模式变革下我国竞技体育的可持续发展》，《经济研究导刊》2017 年第 5 期。

② 辜德宏：《供需视阈下我国竞技体育发展战略研究》，《北京体育大学学报》2018 年第 3 期。

表8-2　竞技运动经济价值体系及其层次结构

一级要素	二级要素	三级要素	内涵释义	
竞技运动经济价值	赛事经济价值（C1）	赛事经纪价值（C1-1）	挖掘赛事资源	网罗竞技人才
		赛事经营价值（C1-2）	打造职业赛事	形成产业链条
		赛事连带价值（C1-3）	带动相关产业	推动经济发展
	健康经济价值（C2）	功能养生价值（C2-1）	趋利扶正祛邪	保证生命质量
		功能康复价值（C2-2）	促使功能恢复	保障运动安全
		功能锻炼价值（C2-3）	引领科学锻炼	促进机能提高
	器材产业价值（C3）	休闲器材价值（C3-1）	合理转化器材	服务休闲运动
		康复器材价值（C3-2）	消除功能障碍	提升健康机能
		竞技器材价值（C3-3）	服务竞技实践	创造极限突破

如表 8-2 所示，竞技运动经济价值结构由三种类别（二级价值层次要素）及九要素（三级价值层次要素）组合而成。其中，三种经济价值类别为赛事经济价值（C1）、健康经济价值（C2）和器材产业价值（C3），同时每种经济价值类别又由三要素组成。例如，赛事经济价值（C1）主要由赛事经纪价值（C1-1）、赛事经营价值（C1-2）、赛事连带价值（C1-3）组成；健康经济价值（C2）主要由功能养生价值（C2-1）、功能康复价值（C2-2）、功能锻炼价值（C2-3）组成；器材产业价值（C3）主要由休闲器材价值（C3-1）、康复器材价值（C3-2）、竞技器材价值（C3-3）组成。由此可见，表 8-2 反映的经济价值体系、层次、要素及其内涵具有鲜明的层次、关联和释义功能。显而易见，经济价值要素的体现并非与其他要素毫无关联，事实上它与运动价值、文化价值、教育价值等密切相关。与此同时，二级竞技运动经济价值要素中赛事经济价值的效果往往引导健康经济价值的体现，健康经济价值的功效往往影响器材产业价值的发挥，而器材产业价值的发挥又有赖于热烈、激情的赛事环境的创建。因此，我们必须全面地探析竞技运动经济价值要素与其他要素间的具体关联。

8.2 经济价值结构核心要素解析

如上文表8-2所示，竞技运动经济价值的基本结构是由三级层次九个经济价值要素及其内涵短语组建而成的。显而易见，不同要素在不同时代背景下的重要程度具有较大差异。为了透彻剖析这些要素在竞技运动经济价值中的地位和功效，我们需要对经济价值要素结构进行定量分析。在本研究中，我们通过主成分分析法统计，所得数据最终数值。如表8-3所示，旋转后因子载荷平方和特征值显示：三级经济价值要素中的赛事经营价值（C1-2）、功能锻炼价值（C2-3）和休闲器材价值（C3-1）的特征值相对较大，分别为8.652、7.352和6.253，三者累计方差百分比分别在为33.638%、51.013%、65.647%（其特征值均大于1）。由此说明，赛事经营价值（C1-2）、功能锻炼价值（C2-3）和休闲器材价值（C3-1）不但是竞技运动经济价值的重要组成部分，而且是竞技运动经济价值的核心要素。经计算可知这三个要素反映了现实经济价值原变量信息的65.647%，因此，这三个因素基本上反映了竞技运动经济价值的基本内涵。

考察协方差矩阵特征值后可知，赛事经济价值（C1）中，尽管赛事经营价值（C1-2）的特征值要高于赛事经济价值（C1-1）和赛事连带价值（C1-3），但这并不说明赛事经纪价值和赛事连带价值意义不大，应该说"挖掘赛事资源、网罗竞技人才"的氛围和"积极带动相关产业、推动经济发展"对于"打造职业赛事、形成产业链条"至关重要；健康经济价值（C2）中，尽管功能锻炼价值（C2-3）的特征值高于功能养生价值（C2-1）和功能康复价值（C2-2），但这并不代表功能养生价值和功能康复价值作用不高，应该说"促使功能恢复、保障运动安全"的康复价值和"趋利扶正祛邪、保证生命质量"的养生价值对于形成"引领科学锻炼、促进机能提高"的功能锻炼尤为重要；器材产业价值（C3）中，尽管休闲器材价值（C3-1）的特征值高于康复器材价值（C3-2）和竞技器材价值（C3-3），但这并不代表康复器材价值和竞技器材价值不高，应该说"消除功能障碍、提升健康水平"的康复器材价值和"服务竞技实践、创造极限突破"的竞技器材价值对于"合理转化器材、服务休闲运动"，进而提升竞技运动服务于大众健身的"军转民效应"特别重要。由此可见，构建竞技运动经济价值体系时，我们必须注意其主次价值要素间的多维联系。

如表8-3所示，赛事经营价值（C1-2）、功能锻炼价值（C2-3）和休闲器材价值（C1-2）组成了竞技运动经济价值的核心要素。其中，赛事经营价值的特征值最大，这表明运动竞赛是最能实现竞技运动经济价值的要素。《竞技运动特征研究》专著提及："运动竞赛是竞技运动主体结构的双核结构之一。"[①] 因此，打造职业赛事、形成产业链条是发挥竞技运动经济价值的主要途径。功能锻炼价值的特征值其次，这表明竞技运动的功能锻炼价值是重要因素。因此，竞技运动通过刺激大众的参与热情，将竞技训练方式转化成大众健身的具体手段，逐步构建"消除功能障碍、提升健康水平"的功能，进而通过健康产业经营实现功能锻炼价值。休闲器材价值特征值再次，这表明竞技运动相对于大众是"脱离工作"的形式，其价值最终通过娱乐形式体现。罗兰指出："如何享有空闲时间和如何工作同等重要。"因此，竞技器材变成大众健身休闲器材是竞技运动经济价值的重要体现形式。可见，竞技运动对于体育价值的实现具有引领效应。

表8-3　竞技运动经济价值解释总方差表

经济价值要素	协方差矩阵的特征值			因子载荷平方和			旋转因子载荷平方和		
	特征值	方差百分比	累计方差百分比	特征值	方差百分比	累计方差百分比	特征值	方差百分比	累计方差百分比
C1-2	8.652	35.874	36.874	8.652	33.325	33.325	8.652	34.638	33.638
C2-3	7.325	17.352	54.226	7.325	18.582	51.907	7.325	17.375	51.013
C3-1	6.253	11.354	65.580	6.253	13.639	65.546	6.253	14.634	65.647
C3-3	0.959	8.259	73.839						
C3-2	0.728	7.939	81.778						
C1-1	0.665	7.059	88.837						
C2-2	0.582	6.102	94.939						
C1-3	0.496	3.035	97.974						
C2-1	0.351	2.026	100.000						

8.3　实现经济价值核心要素的路径

赛事经营价值是竞技运动经济价值的首要核心要素。中国智研咨询发布的报告显示，2015 年中国体育产业达到 1.7 万亿元，赛事的运作占到市场份额的 8%。根据国际基本经验，当人均 GDP 的数值超过 5 000 美元时，静态精神需求（如游戏、电影等）占主导，而当此数值达 7 000 美元时，动态精神需求（竞技运动、体育旅游、户外探险等）规模将迅速扩充。事实证明，大赛中运动员通过激烈的对抗、紧张的博弈释放

[①] 　胡亦海：《竞技运动特征研究》，人民体育出版社，2013，第 119 页。

自身的攻击性，观众通过共情间接释放不良情绪。由此可见，赛事经营价值对于促进体育产业发展意义重大。我国向来重视赛事经营价值的发挥。同时，我国不仅希望通过竞技运动带动大众参与热情，还企盼通过其经济价值的实现促进发展。因此，为实现此价值，我们可以学习世界知名赛事的运作方式，总结赛事组织、制作过程中渗透的的系统理论；从"如何从赛事中获利"出发，研究竞技运动赛事的盈利模式，并进行提炼；提高具备商业价值项目的观众认知、运营能力、宣传力度和竞争水平。

功能锻炼价值是竞技运动经济价值的重要核心要素。2016年5月，国家体育总局发布的《中国体育产业第十三个五年规划》中提到的蓝图为：到2020年体育人口或达4.35亿，人均运动锻炼的面积增长到1.8平方米，体育产业附加值提升至30％，体育消费总额占人均可支配收入的比例超过2.5％。2016年，有近300家机构或个体加入了体育创业的大军之中。这一现实分析足以证明竞技运动不仅具有激烈的对抗性，还强调身体功能发挥的机体对抗能力。功能锻炼价值的实现一方面需要大众体育和竞技运动进行融合，另一方面需要加强退役运动员对锻炼者的有效指导。我们不仅可以促使更多专业运动员退役后为业余竞技者提供理论指导和专业示范，还可以通过明星效应激发其锻炼兴趣。另外，专业运动员的实践经验可以为业余竞技者提供全方位支持。因此，挖掘功能锻炼价值时，我们可以通过增强竞技运动的锻炼手段与方法强身健体；创建更多适合退役运动员施展才干的舞台；开发基于项目推演并适合健身人群的功能性锻炼手段。

休闲器材价值是竞技运动经济价值的基础核心要素。据国家体育总局统计，目前运动服装制造业占体育产业总价值的79％。国家"46号文件"提到的规划指出：到2025年，体育产业达5万亿的规模，体育用品达到2.7万亿，年增长率为10％左右。事实证明，基于服务于竞技运动的器械、休闲器材可以进行相应改变以适应大众的健身需求。随着科技的提升和人工智能（AI）的融入，人们从事体力劳动的机会越来越少，所以大众就需要通过休闲运动来调节生活方式。经济学家梭罗（美国）指出："有时间进行精神生活，才是休闲的真正享受。"休闲器材可由竞技器材转化而来，集中在环境优美的场地，便于人群交流，以有氧锻炼为主，能帮助人们提高机能和预防疾病。我国历来重视休闲器材的开发。同时，我国不仅希望彰显竞技运动的积极引领效应以促成锻炼热潮，还希望通过竞技运动器材的研发带动休闲器材的开发，使休闲器材既具有竞技、高科技元素，又适应锻炼需求。因此，为挖掘休闲器材价值，我们可以通过竞技器材研发推动休闲器材的发展；加强以人为本的穿戴器材研发；增强带监控和"互联网＋"器材的开发能力。

附：竞技运动经济价值案例

案例一：洛杉矶"不只赚吆喝"

由于入不敷出，1984 年申请奥运会的城市少之又少，竞标城市只有两个，其中德黑兰中途弃权，洛杉矶获主办权。《奥林匹克宪章》规定举办国承担全部财务责任。但在 1978 年，洛杉矶制定法律，不许公共财政收入进入奥运会。由此，此届奥运会的举办即面临山穷水尽的局面，承办工作一度陷入僵局。1984 年以前的奥运会花费越来越大，而洛杉矶奥运会是首届没有政府资金支持，也没有增加纳税人负担进行运营的赛事，同时，美国政府也禁发彩票。洛杉矶奥运会组委会主席尤伯罗思上任伊始便破旧立新，决意利用已有设施，共与 25 个赞助商建立了合作关系。他从零开始，开辟了财务资源。他采取了以下措施：与企业集团签订融资协议；出售电视转播权和比赛的门票；减少不必要的资金浪费，充分利用已经建好的场馆进行各项比赛，能用则用，尽可能不大兴土木；充分利用大学生的宿舍来解决奥运会运动员和官员的住宿问题，精打细算、开源节流；招募志愿者承担奥运会的各项服务工作。他的各项运营方式最终使第 23 届奥运会盈利超 2 亿美元，成为首次盈利的奥运会。

案例二：平昌，经济落后不是问题

从 2010 年的冬奥会开始，平昌却连续三届申办冬奥会举办权，而这样的案例在冬奥历史中为数不多，所以很多人认为开展项目和运营比赛必定会遇到很多的困难，另外鉴于大量的基础设计建设会耗费政府大量人力、物力和财力，因此，人们认为这次冬奥会韩国人必定还会遭遇意想不到的困难。很多人对这次冬奥会的前景并不看好。然而，韩国人在举办冬奥会期间共接待 600 万的游客，刷 Visa 消费上涨 30%。除此之外，韩国在冬奥会期间抢占了 5G 市场；交通环境得以改善，为冬奥会新修 6 座场馆，其余 6 座改建而成，其中 8 座已有接手机构，同时位于江陵和平昌的选手村住宅早在奥运会前就销售一空；冬奥会组委会的赞助商达 22 家之多。上述修公路、建场馆、搞房地产等措施带动了地方经济的发展，对韩国整体发展的带动也是显而易见的。美国《福布斯》杂志认为平昌欲借冬奥会转型成旅游城市。据韩国经济研究所的"平昌冬季奥运经济效益"研究可知，平昌冬奥会创造了约 600 亿美元的经济效益。由此可以看出，只要合理运营，奥运会即蕴含巨大商机。

案例三：世界杯"利在长远"

2018 年，世界瞩目的足球世界杯在俄罗斯进行，世界杯是最为吸引眼球的竞技运动赛事之一，其隐藏和潜在的商业价值巨大，同时良好的运作取决于举办方的经济头脑和运作智慧。在比赛之前，已经有大量俄罗斯商家瞄准了足球世界杯这个大蛋糕，他们都想从中分得一杯羹。餐馆、酒店和纪念品商早在比赛之前就做好了各项准备。例如，他们在世界杯多款 Logo 产品中融入了世界杯和俄罗斯民族元素，而且让吉祥物带着护目镜，穿着 T 恤和短裤，综合考虑了各层次人群的接受度和差异性。2018世界杯的举办使俄罗斯 2018 年国内生产总值增长率增加 0.1% 至 0.2%。足球世界杯从准备到赛事开展以后，整个阶段都对俄罗斯经济产生了提振效应。据官方预测，从2013 到 2023 的十年期间，世界杯将拉动俄罗斯的 GDP260 亿到 308 亿美元的增长规模。世界杯举办期间，其已为俄罗斯带来了 22 万个就业岗位，后续的 5 年还将创造16 万到 24 万就业岗位。可见，世界杯对举办国有深远的经济带动作用。

案例四："多金"的 NBA

篮球不仅是在世界范围内受欢迎的消遣方式和竞技项目，还是几十亿美元级别的运营市场，而且此市场还在持续走强。在国际范围内，篮球运动是仅次于足球的第二大热门竞技项目。NBA 作为世界较为成功的职业篮球联赛，随着赛事收视率的提高，其收入也有了保障。根据运营情况来看，2013—2014 赛季，NBA 创收 48 亿美元。运营收入含转播权、广告等收入。2014 年，NBA 与 Turner、ESPN 达成了 240 亿美元的电视转播协议，收入多了，那么相应的篮球运动员的收入也就水涨船高。NBA 球队均值为 11 亿美元，比 2013 年增长了 74%。2016—2017 赛季，联盟运动员薪资的上限从6 300 万美元调高到 1.08 亿美元。2014—2015 赛季开场夜，NBA 联盟的球队中有 101名各国参赛选手（来自 37 个不同的国家）。随着影响力的提升，NBA 将在国际市场范围内促进各项收入的增长。在不远的将来，许多设立在欧洲的 NBA 球队将参与联赛。职业棒球联盟（MLB）和橄榄球联盟（NFL）的经营近年来并无起色，但 NBA却一直经营状况良好。NBA 能持续获得收益的原因，除了收视率连年走高、进军了欧洲外，开拓中国市场也是重要因素。

案例五：马拉松，年产 746 亿元

2018 马拉松年度新闻发布会在厦门举行。发布会信息表明：2018 年共举办综合马拉松赛 1 581 场，相较于 2017 年增长 43.5%，累计 583 万人次参与，认证赛事 339场，285 个地级市开展此项活动，17 个马拉松获标牌赛事，2018 年年度消费额达 178亿元，带动总消费 288 亿元，年度产业 746 亿元，同期年增长率为 7%。发布会总体构建了 2019 年产业规划，在综合规划方面，促进该项赛事流程的合理化、规范化。

2019 年，协会以《马拉松产业规划（2018-2020）》为蓝本，继续挖掘马拉松赛事的多元产业化功能，不断培育新的市场和经济增长点，不断促进马拉松赛事与其他休闲产业的融合与共同发展，满足普通民众对美好生活的向往，助力我国供给侧结构性改革和经济结构的转换，同时强化良好的法治意识，通过法制宣传和媒体传播加强大众对规则氛围的维护，让人们在追求快乐生活的同时加强运动习惯的培养，在追求公平正义的同时促发国家经济活力。加强有关赛事运营的国际交流，益于提升中国马拉松品牌价值。可见，马拉松赛事的良好经营可以大幅提升该项目的经济价值。

8.4　本章小结

8.4.1　构建了反映竞技运动经济价值的基本框架体系

赛事经济价值、健康经济价值和器材产业价值构成了竞技运动经济价值的二级层次；赛事经纪价值、赛事经营价值、赛事连带价值、功能养生价值、功能康复价值、功能锻炼价值、休闲器材价值、康复器材价值、竞技器材价值则是竞技运动经济价值的基本要素。

8.4.2　发现了影响竞技运动经济价值的关键核心要素

赛事经营价值、功能锻炼价值和休闲器材价值的影响权重依次位居前三，这说明赛事经营价值、功能锻炼价值和休闲器材价值是竞技运动经济价值的核心成分。这一发现的启示是，现实的竞技运动经济价值必须紧紧抓住经济价值的核心要素和核心要素的主旨方能有效。

8.4.3　提出了竞技运动经济价值的基本实现路径

竞技运动经济价值基本实现路径：通过对体育赛事盈利模式的提炼，提高竞技项目的比赛水平、运营能力、宣传力度和观众认知；通过提高竞技训练方法的健身适用性，开发更多基于项目推演的功能锻炼手段；通过竞技器材研发，推动以人为本的具备穿戴体验、带数据监控和"互联网＋"属性器材的开发。

第 9 章　竞技运动的延伸价值

9.1　竞技运动延伸价值：政治价值

9.1.1　竞技运动政治价值结构构建

竞技运动本身强烈的对抗性和冲突场景的内在属性，决定了竞技运动政治化倾向的历史必然性。竞技运动大赛影响力、国家声望与民族凝聚力需求、竞技运动本身发展为竞技运动实现其政治价值创造了条件。在激烈的国际比赛中，观众总会把情感依附于己方，通过间接参与紧张而激烈的比赛，观众的民族意识可以得到强化、国家团结意识加强，而团结意识又必然会辐射到国家的振兴大义上。文化交流障碍形成源于习俗和信仰的差异，竞技运动为各个国家、民族交往提供了公平、公正、公开的平台，不同文化习俗和信仰的团体可以通过竞技运动进行交流，达成广泛、深入交流的目的。国内学者关于竞技运动政治价值要素的研究如表 9-1 所示，国外相关研究集中于经济交流价值、社会交流价值、国家间交流价值、情感融合价值、民风交流价值、理性交流价值，虽然成果丰硕，但是多为单因素研究。本文试图构建结构，提出竞技运动政治价值的实现路径。

竞技运动的政治价值还表现在借所形成的特有精神底蕴对国家政权进行巩固，以及对民族凝聚力进行促进方面。中华民族精神经历了古代、近代和现当代三个发展阶段，同时从特质和基因来看，它的内涵主要集中在爱国敬业、博大仁和、勤奋勇敢、坚韧不拔、刻苦钻研、不屈不挠等方面，而且这些精神特质都贯穿于各个时代的主流精神。竞技运动精神中的民主、自由、开拓、进取、竞争等特质共同影响着竞技运动精神品质，并内化到了民族精神中，推进了国家振兴和政权巩固。顽强的精神辐射到国际经济政治和文化竞争中，表现为不畏强权，争取国家和民族独立的斗志和勇气；在经济交往中敢于维护贸易的平等和自由；在军事中敢于和恐怖势力、强权政治做坚决斗争；在文化竞争中善于构建文化交往的平等性。竞技运动政治价值最终表现在国家经济发展和社会进步、民族顽强拼搏和不断发展的坚强决心和凝聚力等方面。

表9-1　国内学者对竞技运动政治价值要素的研究（依时间排序）

主　题	学　者	时　间	主要结论	涉及的竞技运动政治价值要素
也论"体育与政治一体化"①	毕世明	1988 年	"体育和政治实现一体化"未能表达客观事实。两者出现之后，它们间的关联就开始无法抹灭。百年体育发展的历史表明，二者融合喜忧参半，但总体而言利远大于弊，我们不能抹灭体育的政治功效，而必须合理引导	民族自觉价值团结互助价值
全球化与体育政治功能转变初探②	刘光涛	2004 年	通过分析政治、经济、社会、文化等基础要素，我们可以明显发现体育对国际关系产生的影响、具有途径各异和特点鲜明的特征，竞技运动可以成为国家间共赢合作的基本路径	弘扬国威价值合法竞争价值
奥林匹克运动的政治化与非政治化特征及其成因③	李金龙张志学赵杰	2008 年	竞技运动非政治化的利益诉求是全人类的利益共同体；奥运会政治化起因是国家发展需要和形象提振追求；追求非政治化的动力在于国际摩擦经常出现，而我们希望世界和平成为各国家共同的追求	实现人类大同价值促进世界和平价值
论体育的政治化倾向——以现代奥林匹克运动会为例④	乔玉成许登云	2009 年	体育被卷入政治后会导致国际关系产生微妙变化。在遵循竞技运动发展规律的基础上，合理借助其政治化推力更利于人类利益共同体的构建，而国家间的和谐交流应成为竞技运动政治化发展的基本动力	弘扬国威价值民族激励价值

① 毕世明：《也论"体育与政治一体化"》，《体育科学》1988 年第 2 期。
② 刘光涛：《全球化与体育政治功能转变初探》，《北京体育大学学报》2004 年第 4 期。
③ 李金龙、张志学、赵杰：《奥林匹克运动的政治化与非政治化特征及其成因》，《体育科学》2008年第 11 期。
④ 乔玉成、许登云：《论体育的政治化倾向——以现代奥林匹克运动会为例》，《体育学刊》2009 年第 7 期。

主　题	学　者	时　间	主要结论	涉及的竞技运动政治价值要素
全球化背景下体育与政治的博弈分析①	吴亮	2010 年	体育与政治的关联是体育和政治互动中涉及的利益集团间的策略对垒，是在信息不对称条件下多利益集团参加的动态对抗。因此，国家之间良性关系的发展需要相互包容、共谋发展	国家形象提升价值
我国体育政治软实力研究②	刘纯献	2011 年	体育在政治中有非常重要的效用，有助于国家经济和文明的推进；其价值可引导社会发展的价值观，体现民族诉求，打破思想障碍	民族互助价值打破壁垒价值
竞技体育政治功能新探③	马冠楠刘桂海	2011 年	竞技体育能建构交往的平台、淡化国家间不同的意识形态、促进人类价值观的融合；我们应不断发挥竞技体育的正能量效应，使其成为社会文明和经济发展的推进器	搭建外交平台价值争取政治正义价值
体育政治化：一种批判性考察④	刘桂海	2013 年	体育政治化无可厚非，其合理性需要动态理解；体育政治化应该放在具体的时间、阶段和历史背景之中加以分析；体育政治化的发展动因纷繁复杂，体育政治化所呈现的镜像需站在正义立场加以甄别；在世界和平与正义的视角之中，体育政治化提升了体育的内涵与价值	民族自觉价值
体育政治化研究⑤	刘桂海	2015 年	体育政治化需在多因素的支持下才能得到实现。体育本身的辐射能力是其发展的基石，国家利益的"体育寻租"是其发展的内在动力，体育的组织架构是其推进的物质载体	民族激励价值

① 吴亮：《全球化背景下体育与政治的博弈分析》，硕士学位论文，湖南师范大学，2010。
② 刘纯献：《我国体育政治软实力研究》，《体育文化导刊》2011 年第 5 期。
③ 马冠楠、刘桂海：《竞技体育政治功能新探》，《体育文化导刊》2011 年第 7 期。
④ 刘桂海：《体育政治化：一种批判性考察》，《北京体育大学学报》2013 年第 6 期。
⑤ 刘桂海：《体育政治化研究》，上海社会科学院出版社，2015。

竞技运动通常是通过以其特有属性满足客体需求来体现具体价值的，而对于如弘扬国威、提振形象等价值的特点、要素与差异，我们通常需要通过构建结构、具体分析、细化思考才能厘清。本文根据文献整理和专家访谈构建了政治价值层次结构和三级要素的内涵体系。如表 9-2 所示，其价值结构主要由三种类别的二级要素以及三级价值要素所构建。其中，三种政治价值分别为弘扬国威价值（C1）、凝练思想价值（C2）、激励民族价值（C3），而每种竞技运动政治价值又由三要素组成，如弘扬国威价值（C1）主要由形象提升价值（C1-1）、精神提升价值（C1-2）、素质提升价值（C1-3）组成；凝练思想价值（C2）主要由合法竞争价值（C2-1）、团结互助价值（C2-2）、顽强进取价值（C2-3）组成；激励民族价值 (C3) 主要由民族团结价值（C3-1）、民族自觉价值（C3-2）、民族激励价值（C3-3）组成。由此可见，表 9-2 所反映的是竞技运动政治价值的结构、价值层次、价值要素及具体内涵，具有鲜明的层次结构、关联和释义功能。

表9-2　竞技运动政治价值体系及其层次结构

一级要素	二级要素	三级要素	要素内涵
竞技运动政治价值	弘扬国威价值（C1）	形象提升价值（C1-1）	展示积极形象 凸显综合国力
		精神提升价值（C1-2）	提升民族自尊 振奋民族精神
		素质提升价值（C1-3）	形成文明素养 增强健身意识
	凝练思想价值（C2）	合法竞争价值（C2-1）	遵守刚性条款 解读合理规则
		团结互助价值（C2-2）	养成团结意识 增强民族凝聚力
		顽强进取价值（C2-3）	鼓舞大众信心 表现顽强斗志
	激励民族价值（C3）	民族团结价值（C3-1）	维系情感共鸣 强化民族归属
		民族自觉价值（C3-2）	铸就历史自觉 形成现状自觉
		民族激励价值（C3-3）	鼓舞攻坚克难 提供精神动力

竞技运动政治价值的体现形态并非与其他要素没有联系、不成体系，事实上，竞技运动的政治价值与外交、经济、文化、精神价值等高度相关。同样，竞技运动政治价值内部各层次要素的本质元素之间也存在紧密关联，即其内部层次要素间有重叠的

内涵要素，且在实践中可找到诸多例证。事实证明：竞技运动政治价值的结构层次密切关联。例如，弘扬国威价值（C1）的效果往往引导凝练思想价值（C2）的实现，凝练思想价值（C2）的功效往往影响激励民族价值（C3）的发挥，而激励民族价值（C3）的发挥又有赖于弘扬国威价值（C1）的发挥。因此，我们必须透彻剖析竞技运动政治价值与外交、经济、文化和法治等价值要素之间的辩证关系；必须辩证地理解竞技运动政治价值中弘扬国威、凝练思想、激励民族二级层次要素间的关系；必须动态探知竞技运动政治价值中三级层次九个要素间的多维关联。显而易见，由此我们能实时反映竞技运动政治价值与社会的关联，准确把握其本质与变革间的高度相关性，科学发挥其实用属性，使竞技运动变为社会改革和文明进步的内在动力。

9.1.2　政治价值结构核心要素解析

竞技运动政治价值中下位要素的结构体系是由三级层次的九个政治价值要素共同组成的。然而，不同的发展阶段、时代背景下，竞技运动政治价值要素的重要程度存在着显著差异。要想透彻分析和认识竞技运动政治价值要素间的细微差异，我们可以采用数理统计的方式进行求证。德尔菲和主成分分析法在本文中得到了充分的运用，而表9-3显示了最终结果。如表9-3所示，旋转后因子载荷平方和特征值表明了三级政治价值中的形象提升价值（C1-1）、团结互助价值（C2-2）、民族激励价值（C3-3）的特征值相对较大，分别为8.953、8.731、7.538，三者累计方差百分比分别为31.329%、52.637%、69.543%。由此说明，形象提升价值（C1-1）、团结互助价值（C2-2）、民族激励价值（C3-3）不但是构成竞技运动政治价值的重要部分，而且是影响竞技运动政治价值的主要因素。计算得知：这三个价值要素反映了现实政治价值内涵信息的69.543%（其特征值均大于1），这说明"形象提升""团结互助""民族激励"是形成政治价值结构的重要因素。因此，这三个因子可以反映其核心内涵。

表9-3　竞技运动政治价值解释总方差表

政治价值要素	协方差矩阵的特征值			因子载荷平方和			旋转因子载荷平方和		
	特征值	方差百分比	累计方差百分比	特征值	方差百分比	累计方差百分比	特征值	方差百分比	累计方差百分比
C1-1	9.953	31.258	31.258	8.953	33.358	33.358	8.953	31.329	31.329
C2-2	8.731	15.528	46.786	8.731	16.785	50.143	8.731	21.308	52.637
C3-3	6.538	14.352	61.138	7.538	14.652	64.795	7.538	16.906	69.543

续表

政治价值要素	协方差矩阵的特征值			因子载荷平方和			旋转因子载荷平方和		
	特征值	方差百分比	累计方差百分比	特征值	方差百分比	累计方差百分比	特征值	方差百分比	累计方差百分比
C3-1	0.968	7.963	69.101						
C2-3	0.863	7.852	76.953						
C2-1	0.762	7.036	83.989						
C3-2	0.638	6.752	90.741						
C1-3	0.539	5.352	96.093						
C1-2	0.638	3.907	100.000						

　　由统计结果可知，在弘扬国威价值（C1）中，虽然竞技运动的形象提升价值（C1-1）的特征值高于精神提升价值（C1-2）和素质提升价值（C1-3），但是精神提升价值（C1-2）和素质提升价值（C1-3）同样意义重大，应该说"展示积极形象、凸显综合国力"可以更加有效地增强"提升民族自尊、振奋民族精神"和"形成文明素养、增强健身意识"的功效。在凝练思想价值（C2）中，虽然团结互助价值（C2-2）的特征值高于合法竞争价值（C2-1）和顽强进取价值（C2-3），但是合法竞争价值（C2-1）和顽强进取价值（C2-3）同样意义重大，应该说"养成团结意识、增强民族凝聚力"往往通过有效地"遵守刚性条款、解读合理规则"和"鼓舞大众信心，表现顽强斗志"而获得。在激励民族价值(C3)中，虽然民族自觉价值（C3-3）的特征值高于民族团结价值（C3-1）和民族激励价值（C3-2），但是民族团结价值（C3-1）和民族激励价值（C3-3）同样作用重大，应该说"鼓舞攻坚克难、提供精神动力"就是基于"维系情感共鸣、强化民族归属"和"铸就历史自觉、形成现状自觉"所体现的。因此，揭示竞技运动政治价值结构及其要素时，我们必须关注各要素间的必然联系。

　　形象提升价值（C1-1）、团结互助价值（C2-2）、民族激励价值（C3-3）为竞技运动政治价值的主要核心要素。从整个竞技运动角度和主成分分析结果来看，三个要素的价值贡献位居前列绝非巧合。其中，形象提升价值（C1-1）特征值最高，这说明从体育大国向强国迈进是竞技运动发展的新追求、新理想。通过多次举办国际性大型赛事，中国的国际形象得到了明显改善和提升。团结互助价值（C2-2）的特征值次之，这明确表明不同习俗和信仰的民族通过竞技项目达到了广泛和深入交流的目的。民族激励价值（C3-3）的特征值再次，这间接证明竞技运动主体通过在国际大赛中获得好成绩，大大鼓舞了本国人民的信心和士气。因此，竞技运动对本国综合国力的发展起到的潜移默化的精神鼓舞作用是无法用金钱估量的。分析结果表明：三个要素不仅反映了不同层次竞技运动政治价值的首要要素，而且还反映了整个竞技运动政治价值的权重。由此可知，竞技运动整体的政治价值和层次要素高度相关且紧密联系。

9.1.3 实现政治价值核心要素的路径

国家形象是在外事交往中，其他国家对某国交往行为的评价、认识和解读，是国家软实力和整体形象的表现。国家形象提升可为自身发展赢得有利的国际环境，益于自身在国际贸易中降低公关成本。积极形象的塑造大有裨益。作为现代竞技运动的标志，自1896年圣火在雅典点燃，奥林匹克精神开始影响全球。1932年，刘长春首次代表中国参赛。1952年，中国派出代表团参与芬兰奥运会，其中吴传玉进行了游泳项目角逐。2008年，中国举办奥运会。形象提升价值的实现路径如下：第一，继续通过大型赛事展示积极形象；第二，通过竞技成绩提振国家形象；第三，通过提升形象提高进出口贸易。

竞技运动的团结互助价值是指竞技运动主体在训练和比赛中的团结和互助行为对客体形成的示范价值。竞技运动中的基本生存法则是"胜者王侯败者寇"，获胜是竞技运动训练和比赛的最终目标。对于竞技主体而言，互助意识主要在训练和竞技比赛实践中养成。在运动训练中，运动员经常会受到伤病的困扰和其他不可控因素的影响。运动员要克服困难，就需要发挥团队互助的良好品质。在竞赛中要获胜，运动员就需要互相密切合作，在自己位置上充分发挥价值的同时，帮助其他运动员完成进攻或防守。竞技运动主体在训练和比赛中形成的团结互助精神品质会让其受益一生。运动员退役以后，由于在训练和比赛中形成了团结互助品质，所以更容易融入社会，适应社会，获得生存的机会。其实现路径是：首先，需要竞技运动主体形成强烈的互助意识。因为只有在训练和竞赛中分工明确并充分发挥团队成员的优势，人们才能获得胜利。其次，需要社会大众在观看运动竞赛时潜移默化地形成团队合作意识，让社会大众切实感受到团队合作带来的益处。最后，通过竞技成绩来增强民族凝聚力。

竞技运动的民族激励价值是指竞技运动通过运动表现和竞技成绩激励各国民族为了前途和发展不断努力奋斗的价值。以奥运会为例，奥运会中能获得优异成绩的国家都是综合国力强的国家，因此，竞技成绩与国家发展呈正相关。竞技运动所展示的勇气和精神气概将会激发各国人民经济建设的劳动热情，最终提高国家的竞争力和综合国力。受到激励的人民将会给予竞技运动参与者更多的信任和支持，使竞技运动主体在激烈比赛中获得更好的成绩，最后形成良性循环。因此，竞技运动对各国综合国力的发展起到的潜移默化的精神鼓舞作用是无法用金钱估量的。其实现路径如下：第一，形成攻坚克难的民族激励。获得竞技运动任何项目的世界冠军都是长期、系统和艰苦的工程，运动员为此需要攻坚克难，克服重重障碍，而运动员每次成绩的获得和记录的打破都是对本民族人民克服困难并不断寻求经济和社会发展突破的鼓舞。第二，通过赛事成绩为国民注入强大的精神动力，而此举能鼓舞国民的工作和生活热情。第三，通过运动员的积极表现激励大众参与，使群众形成锻炼意识和习惯。

附：竞技运动政治价值案例

案例一：奥运会的"初衷"

公元前 9 世纪—公元前 8 世纪，希腊的宗族社会瓦解，城邦制的奴隶社会开始构建，最终 200 多个独立的城邦得以建成，然而由于没有君主，城邦之间战乱常有。此时的希腊是由城邦建构的"准国际社会"，充斥着屠杀和斗争。为取得战争的胜利，各城邦积极备战。斯巴达城邦的少年儿童满 7 岁后需交给国家。战争需要提升单兵的作战能力，而竞技运动是提升士兵作战能力最有效的形式。频繁的战争成为竞技项目不断发展的内在动力，其不断创新和推进有着军事要素的痕迹。老百姓的日子苦不堪言，热切期盼安定的生活、生产环境。公元前 776 年，首届奥运会举行，但这项赛事初期项目并不多，前 22 届赛期仅有一天，后来逐步延长至两天。从第 37 届开始增加少年项目之后，赛期变为 5 天。首日为开幕式，举行祭祀和誓言。第二、三、四天是正式的角逐时间，第五天安排闭幕式，包含颁奖以及祭祀仪式。由此可见，起初为战事而准备的竞技活动逐步演变为了友好盛会。每当奥运会即将到来时，城邦就会通过相互比赛来代替战争。奥运会之前，各州会签署"神圣的停战条约"。古代奥运会通过竞技运动构建了世界和平发展模式。

案例二："56 年的跨越"

新中国从首次参与到成功举办奥运会，此过程历经艰辛。1952 年 7 月，何振梁接到临时通知，被要求完成芬兰赫尔辛基奥运会的翻译任务。然而，由于政治因素和中国综合国力较弱，中国并没有获得此届奥运会的邀请。经过不懈努力和反复争取，中国代表团竟然到开幕式的下午才获邀请。五星红旗终于在奥运村首次升起，这也是新中国地位获得国际认可的标志性事件之一。56 年之后，80 多位全球政要亲临北京奥运会开幕式。中国共产党和国家领导人以及各地区政治领导人共举行了 100 多次会议，共同制定国际关系发展蓝图，探讨如何建设更美好、和平、和谐的世界，达成了多方共识。中国运动员奋勇拼搏，在主场背水一战，通过艰苦努力赢得了北京奥运会的金牌榜榜首。中国政府和人民为奥运会付出的巨大努力得到了世界媒体和参与人士的一致好评。成功举办奥运会提升了中国的声望和国际地位，让全世界看到了中国社会的发展盛况。17天的盛会，北京奥运会不仅促进了国际文化交流，还提振了中国的国际形象。

案例三：两国举"同面旗"入场

2000年奥运会开幕式，韩朝运动员就曾经同举"朝鲜半岛国旗"步入会场。在此之后，韩朝在大赛中曾7次携手，其中包括2004年夏奥会和2006年冬奥会。2018年2月9日，在平昌冬奥会开幕式上，朝鲜选手黄忠金和韩国选手元润钟同举"朝鲜半岛旗"步入会场，向世界宣布"同宗性"和奥林匹克感召力。当韩朝代表团步入赛场之时，朝鲜啦啦队欢呼雀跃。这样的场景感染了无数在场的韩国民众，其他国家的观众也为他们的友好行为热烈鼓掌。然而，能拥有如此和谐结果的过程非常艰难，可谓一波三折。文在寅此前甚至发出感叹：两国牵手曾像"遥不可及的梦"。巴赫评价说："朝韩牵手注定成为推动和平不断发展的火种。他们的携手前进将会为在寒冷的冬天举行的盛会增添暖意。"由此可见，奥林匹克精神让韩朝两国走向和平携手。奥运会为两国人民的友好沟通搭建了良好的交流平台，有利于两国和平环境的营造和世界大同进程的推进。

案例四：重拾"奥林匹克休战"

顾拜旦在很多论著和公开场合多次论及世界和平，他指出："让所有国家的人民彼此相亲相爱是天真的，但让人民相互尊重不是乌托邦式的幻想。"可见，通过奥林匹克促进和平进程具备可行性。现代奥林匹克运动也一直在化解仇视，通过竞技运动对暴力的有效疏导，使民众的不良情绪得到宣泄，最终促进了国际社会的和平发展。1992年巴塞罗那奥运会，挪威提议恢复奥林匹克休战精神，在奥运会开幕前一周起至闭幕后一周之间停战。在此之后，南斯拉夫内战因1994年冬季奥林匹克运动会而暂时休战，这是近代以来因奥林匹克而暂停的第一场战争。1995年，联合国大会呼吁休战传统。2007年10月31日，联合国大会通过《奥林匹克休战决议》。休战的倡议唤醒了世界上爱好和平的人们的情怀和意识，这有利于世界和平环境的营造。休战倡议不仅呼吁停止采用暴力，还呼吁通过沟通停止敌对和侵犯人权。

9.2　竞技运动延伸价值：外交价值

9.2.1　竞技运动外交价值结构构建

外交具有巩固国家主权、获取多方支持、为国家经济建设营造良好环境的重要价值。通过竞技运动外交，各国人民可搭建起无差别、以身体运动为基础的交流平台。1971年3月，中国乒乓球队组队参加了第31届世乒球赛，并邀请美国乒乓球队在赛后访问中国，打开了隔绝22年的中美交往大门。国内学者关于竞技运动外交价值要素的研究如表9-4所示，国外研究集中于区域体育外交价值、文化外交价值、奥运外交价值、隔阂融合价值、竞技对抗的外交价值、项目交流的外交价值，虽然成果较多，但多为单因素研究。本研究试图构建竞技运动外交价值结构体系，并提出了实现路径。

表9-4　国内学者对竞技运动外交价值要素的研究（依时间排序）

主　题	学　者	时　间	主要结论	涉及的竞技运动外交价值要素
中日体育民俗交流①	马跃	1995年	中日两国在很长一段时间里都流行过拔河、相扑之类的传统竞技运动。其规则和文化要素的相似性由民族学研究逐步加以论证并最终得到了认同	民俗交流价值
我国竞技体育在公共外交中的作用②	刘玉亮 张勤	2012年	竞技软实力建设与外交实力的联系异常紧密；加大竞技软资源的创新程度，加快竞技体育多维度发展和手段的持续更新，促进中国竞技软资源构建向实力提升不断转变	民风交流价值
国内外竞技体育人才交流研究③	王占坤	2013年	我国竞技体育向外交流队员之中女性占比相对较高，且大部分由中国的传统强项向外输出；教练员输出集中在女子排球、体操、跳水等项目	项目交流价值

① 马跃：《中日体育民俗交流》，《日本研究》1995年第1期。
② 刘玉亮、张勤：《我国竞技体育在公共外交中的作用》，《体育文化导刊》2012年第11期。
③ 王占坤：《国内外竞技体育人才交流研究》，《体育文化导刊》2013年第11期。

主题	学者	时间	主要结论	涉及的竞技运动外交价值要素
改革开放以来海峡两岸竞技体育领域交流回顾与展望①	陈少坚	2013年	竞技体育互动对海峡两岸交流合作起着黏合剂的重要作用；两岸竞技体育交流进入加深的历史时期；恪守"奥运模式"是进行竞技运动交流的前提条件；构架"大中华体育圈"是文化交流先行、体育项目先试的有效路径	民技交流价值
提升我国软实力视域下的体育外交研究②	赵帆	2014年	国与国之间相较于直接的军事对抗，更倾向于"软"实力的对抗。竞技运动的发展是国家和民族综合实力的体现。体育外交的发展对民族软实力的塑造起到积极的推动作用	思想交流价值
体育外交在解决国际争端中的辅助作用研究③	郝雅烨子	2015年	竞技运动外交是表达政治态度的载体，能提升国家形象，为舆论导向奠定基础，营造争端国间友好的氛围，有助于化解隔阂。维护自己国家利益是促成多边竞技运动外交的前提，同时每个国家都应建立完善的竞技运动外交应急处理机制，以处理好竞技运动产生的摩擦，防止自身发展引发国家间的矛盾	化解争端价值
我国体育外交的特点及策略研究④	王洪飞	2015年	竞技运动外交配合总体外交的效应逐步显现；体育外交正在朝着多元化的路径行进；不断提升国家软实力；不断挖掘大使馆以及新媒介的功用；提升体育名人的带动效用；提倡竞技运动项目的民众交流	制度交流价值 礼仪交流价值
异构极化与同功融合：中西方体育文化交流的困境与出路⑤	贾成波 田启铭	2015年	中西方体育形态存在内敛和外倾的逆反倾向，其路径及文化底蕴不同，空间的自然塑造及身心的理解有差别；体育形态顺着异质性变迁轨道规律	文化交流价值 文化自觉价值 文化自信价值

①　陈少坚：《改革开放以来海峡两岸竞技体育领域交流回顾与展望》，《西安体育学院学报》2013年第5期。

②　赵帆：《提升我国软实力视域下的体育外交研究》，硕士学位论文，山东师范大学，2014。

③　郝雅烨子：《体育外交在解决国际争端中的辅助作用研究》，《北京体育大学学报》2015年第7期。

④　王洪飞：《我国体育外交的特点及策略研究》，《体育文化导刊》2015年第12期。

⑤　贾成波、田启铭：《异构极化与同功融合：中西方体育文化交流的困境与出路》，《体育与科学》2015年第3期。

主　题	学　者	时　间	主要结论	涉及的竞技运动外交价值要素
唐朝丝绸之路上的体育文化交流[①]	季春美 叶飞凤	2018 年	唐朝体育文化通过丝绸之路传向沿路的各个国家、民族，也接纳融合了外国优秀的体育文化，填补了唐朝体育内在文化要素的不足，促成了古代体育文化的塑形	文化交流价值
论体育是中国文化对外交流的重要载体[②]	张海利 刘晓海 张海军	2018 年	竞技运动作为以身体为载体的交流工具，其优势非常明显：容易与其他文化要素产生融合和交互，身体运动形态容易被世界上大多数的人接受，体育与社会的各种文化要素存在紧密的关联性。重视中国传统体育，特别是武术、民族舞蹈等的输出是实现中国文化对外交流的前提和基础	项目交流价值 文化交流价值

竞技运动外交作为国家重要的交流手段，兼有竞技运动与外交的属性。竞技运动外交价值体现为促进集体和国家间的交流。竞技运动交流有助于提升外交活动的品质，而它伴有外交活动的天然条件是竞技运动外交快速发展的根本原因。竞技运动外交价值涵盖提升国家的正面形象、发展与多个国家间的沟通、提升国家的国际影响力和加强与各个国家单项俱乐部的交流和合作等，同时，政府或相关部门通过竞技赛事与他国政府、组织等进行正式或民间的交流。竞技运动外交价值渗透着政治元素，它不能摆脱意识形态而独立存在。竞技运动为国际政治生态带来了正能量，在维持国家稳定和促进世界和平等方面发挥着独特作用。在重大赛事中，赛事主办国会加强宣传以让其他国家了解其文化及风土人情，给各国人民提供跨文化交流契机。具有文化差异的民族进行交流既可以产生友好的情感，也会因不同生活环境等产生摩擦和隔阂，而国际竞技运动交往可以使不同国家的参与者相聚在一起，专注于共同的以身体为载体的项目交流，化干戈为玉帛。

竞技运动通过其特有属性满足客体需求以体现外交价值，而竞技运动外交价值有其特殊性和本源性。竞技运动以身体运动交流为载体，易为大众接受，易与其他文化要素融合。本文根据文献整理和专家访谈构建了竞技运动外交价值的层次结构和三级要素的内涵体系。如表 9-5 所示，其具体结构主要由三种类别（二级价值要素）以及

---

① 季春美、叶飞凤：《唐朝丝绸之路上的体育文化交流》，《体育文化导刊》2018 年第 10 期。

② 张海利、刘晓海、张海军：《论体育是中国文化对外交流的重要载体》，《体育文化导刊》2018 年第 10 期。

九要素（三级价值要素）组合而成。其中，三种外交价值类别为国际交流价值（C1）、民族交流价值（C2）、信仰交流价值（C3），每种外交价值类别又由三要素组成，如国际交流价值（C1）主要由项目交流价值（C1-1）、文化交流价值（C1-2）、思想交流价值（C1-3）组成；民族交流价值（C2）主要由民俗交流价值（C2-1）、民风交流价值（C2-2）、民技交流价值（C2-3）组成；信仰交流价值（C3）主要由宗教交流价值（C3-1）、礼仪交流价值（C3-2）、制度交流价值（C3-3）组成。可见，表9-5反映的是竞技运动外交价值体系、价值层次、价值要素及其内涵，具有鲜明的层次结构、关联释义功能。

表9-5　竞技运动外交价值体系及其层次结构

一级要素	二级要素	三级要素	要素内涵
竞技运动外交价值	国际交流价值（C1）	项目交流价值（C1-1）	提高项目实力 促进共同进步
		文化交流价值（C1-2）	交换文化精髓 汲取对方精华
		思想交流价值（C1-3）	迸发思想火花 促思创新发展
	民族交流价值（C2）	民俗交流价值（C2-1）	构建民俗平台 拓展文化边际
		民风交流价值（C2-2）	探知民风氛围 形成感染力量
		民技交流价值（C2-3）	促进民技学习 拓展文化厚度
	信仰交流价值（C3）	宗教交流价值（C3-1）	促进宗教交往 尊重多元信仰
		礼仪交流价值（C3-2）	学习多方礼仪 理解多元文化
		制度交流价值（C3-3）	探索制度优劣 求新取长补短

竞技运动外交价值的发挥要服从于国家的总体外交策略，并充分发挥竞技运动本身自带的天然优势。竞技运动与其他要素充分融合后方可最大限度地挖掘内在属性，并使其外交价值最大化。可见，竞技运动外交价值要素的体现形态并非与另外的要素毫无关联、自成体系，实际上，它的外交价值通常与其文化价值、政治价值、军事价值等高度相关。竞技运动外交价值内部各层次要素的本质元素紧密关联，同时，其内部层次要素间有重叠的内涵元素。事实证明，竞技运动外交价值的结构层次密切关联。例如，国际交流价值（C1）的效果往往引导民族交流价值（C2）的实现，民族交流价值（C2）的功效往往影响信仰交流价值(C3)的发挥，而信仰交流价值（C3）的发挥有赖于国际交流价值（C1）的发挥。我们必须辩证地剖析竞技运动外交价值中国际交流、民族交流、信仰交流三个二级层次要素间的辩证关系，因为这样才能实

时反映外交价值与其他价值间的关联，准确把握其本质与社会变革间的相关性，立足于竞技运动与外交价值间的内在关联性，使竞技运动变为推动社会进步的正能量。

9.2.2　外交价值结构核心要素解析

竞技运动的外交价值必须由多维度的竞技运动外交路径实现。如表 9-5 所示，竞技运动外交价值中下位要素的结构体系是由三级层次的九个外交价值要素共同组成的。为透彻分析和认识外交价值要素的细微差异，我们可采用数理统计的方式进行求证。德尔菲和主成分分析法在本文中得到了充分的运用，而表 9-6 显示了最终的分析结果。如表 9-6 所示，三级外交价值中的项目交流价值（C1-1）、民风交流价值（C2-2）、制度交流价值（C3-3）的特征值相对较大，分别为 8.963、8.156、7.635，三者累计方差百分比分别为 32.365％、48.694％、66.359％。由此说明，项目交流价值（C1-1）、民风交流价值（C2-2）、制度交流价值（C3-3）不但是构成竞技运动外交价值的重要部分，而且是影响其外交价值的核心因素。计算得知：这三个价值要素反映了现实外交价值内涵信息的 66.359％（其特征值均大于 1），这说明竞技运动"项目交流""民风交流""制度交流"是竞技运动整个外交价值结构的重要形成因素。因此，着重分析这三个因子可反映其核心内涵。

表9-6　竞技运动外交价值解释总方差表

外交价值要素	协方差矩阵的特征值			因子载荷平方和			旋转因子载荷平方和		
	特征值	方差百分比	累计方差百分比	特征值	方差百分比	累计方差百分比	特征值	方差百分比	累计方差百分比
C1-1	8.963	32.215	32.215	8.963	34.235	34.235	8.963	32.365	32.365
C2-2	8.156	15.635	47.854	8.156	16.326	50.561	8.156	16.329	48.694
C3-3	7.635	14.352	62.206	7.635	14.352	64.931	7.635	17.665	66.359
C3-1	0.862	7.863	60.069						
C2-3	0.805	7.352	77.421						
C2-1	0.758	7.125	84.546						
C3-2	0.632	6.863	91.409						
C1-3	0.538	5.256	96.665						
C1-2	0.324	3.335	100.000						

统计结果表明，在国际交流价值（C1）中，虽然项目交流价值（C1-1）的特征值要高于文化交流价值（C1-2）和思想交流价值（C1-3），但是文化交流价值（C1-2）和思想交流价值（C1-3）同样意义重大，应该说"提高项目实力、促进共同进步"可以更加有效地增强"交换文化精髓、汲取对方精华"和"迸发创新火花、促思创新发展"的功效。在民族交流价值（C2）中，虽然民风交流价值（C2-2）特征值要高于民俗交流价值（C2-1）和民技交流价值（C2-3），但是民俗交流价值（C2-1）和民技交流价值（C2-3）同样意义重大，应该说"探知民风氛围、形成感染力量"往往通过有效地"构建民俗平台、拓展文化边际"和积极"促进民技学习、拓展文化厚度"而获得。在信仰交流价值（C3）中，虽然制度交流价值（C3-3）的特征值高于宗教交流价值（C3-1）和礼仪交流价值（C3-2），但是宗教交流价值（C3-1）和礼仪交流价值（C3-2）同样作用重大，应该说"探索制度优劣、求新取长补短"就是基于"促进宗教交往、尊重多元信仰"和"学习多方礼仪、理解多元文化"。因此，揭示竞技运动外交价值结构及要素时，我们必须注意结构中各要素间的必然联系。

如表9-6所示，项目交流价值（C1-1）、民风交流价值（C2-2）、制度交流价值（C3-3）为竞技运动外交价值的核心要素。从整个竞技运动角度和主成分分析结果来看，三个要素的价值贡献位居前列绝非巧合。其中，项目交流价值（C1-1）的特征值最大，这说明竞技运动的载体是运动项目，竞技运动的外交还需要以运动的技战术交流作为主要内容，并通过运动项目的技战术交流达成文化交流、情感交流的目的；民风交流价值（C2-2）的特征值次之，这表明竞技运动通过相互交流沟通了情感，互相之间对民风有了更加深入的了解和融合；制度交流价值（C3-3）的特征值再次，这证明竞技运动的发展需要在良好的、适合于本国国情的制度之下运行方能发挥其最大价值。可见，竞技运动和外交相结合可以促使竞技运动价值最优化，而通过国际间、地区间、团体间的项目取长补短，竞技运动价值可以得以实现。分析结果表明：三个要素反映了不同层次竞技运动外交价值的首要要素，同时反映了竞技运动外交价值要素的权重。由此可知，其整体外交价值和层次要素高度相关且存在密切联系。

9.2.3　实现外交价值核心要素的路径

竞技运动的项目交流价值是指通过项目的技战术交流实现文化交流、情感交流，促使技战术共同提高的价值。鉴于此，中国政府和体育部门采取了多项措施。以足球项目为例，自2012年起，中德U16足球邀请赛由两国轮流组织。到目前为止，两国在20多个城市举行了竞赛活动，累计参与的球队达到45支。密集的竞技赛事推动了中国青少年足球项目向国际一流理念的效仿和靠近。我国高度重视该价值发挥，许多省市体育局成立了专门的国际体育交流中心，主要从事国际体育交流，与世界领先的各单项俱乐部取得联系，派出适宜的学习人员到国外学习；接待他国体育代表团来访。该价值的实现路径如下：第一，继续深化青训体系的改革，使项目交流常态化。第二，以运动为共识，开展跨国跨界的文化合作之路。第三，每年公派各项目的优秀教练员到国外交流访问，通过学习国外的先进技战术提高自身的竞技实力。第四，以运动项目为载体，加强各国之间的文化交流。第五，加强赛事的合作，通过各种赛事，促进国家与地区间的交流。

竞技运动的民风交流价值是指竞技运动主体在对外交流时展现的民风和对交流地民风的感知所形成的双向交流价值。民风交流是国家之间情感融合、友谊加深的重要途径，中国历来重视民风交流在竞技运动交流中的重要价值。竞技运动民风交流涉及竞技运动项目所包含的文化要素和精神要素在交流中所扮演的重要角色。其形成的文化传统和精神传承作为社会文化的重要载体，在全社会广泛传播并得到了大众的广泛认知和认可。因此，竞技运动各项目通过无差别的身体对抗得到了最直接的交流。竞技运动民风交流价值的实现可通过引导教练员和运动员形成科学、健康、文明、节俭的生活方式，在公共场所设立标准公示栏，并与其他俱乐部和运动队加强文化交流；以工会组织为管理核心，建立民主、监督的群众自我治理组织，依法民主选举运动员代表，规范召开运动员民主大会；以竞技运动为载体，充分利用直播等新型媒体进行民风宣传，同时通过张贴标语、悬挂宣传横幅等形式，构建全方位、深层次的宣传；将工作开展情况、先进经验、正面典型等及时对外公布，营造良好民风。

竞技运动的制度交流价值是指竞技运动通过赛事访问、文化交流等对外交流形式中的相互交流制度取长补短的价值。我国历来重视该价值在促进竞技运动和国家发展中的重要价值。要实现竞技运动的制度交流价值，我们可以通过下以方式进行：第一，深化竞技运动项目的市场化改革进程，遵循基本的竞技项目市场规律和经济学原理，发挥市场的决定作用。第二，我们不能把所有竞技项目都纳入举国体制中进行管理。举国体制在特定时代背景下起到了良好作用，但运用到团体项目中效果并不理想。当前，我们要用更好的方法进行分类，把市场可以承受、消费能力可以带动的项目交还给市场。只有将全国统筹改革成分类管理的制度，中国竞技运动才可能走上持续发展的轨道。

附：竞技运动外交价值案例

案例一：乒乓球赛打破"交往尴尬"

20 世纪 60 年代后期，美国需要找到协同力量。中国也希望恢复对美外交，但缺乏契机。"乒乓外交"的机会产生于 1971 年 3 月至 4 月举行的乒乓球锦标赛。由于国际形势严峻，中国在此背景下参赛似乎并不是明智之举。周恩来指出："不参加将会为以后交往留下隐患。"因此，他写了申请，而毛泽东表示同意。开赛前夕，周恩来要求团队"与多国队员交流"。4月4日，沉默被打破：美国队员科恩在健身房训练时间过长，后来发现快到比赛时间了，于是匆忙上车，上车后发现上错了车，此时庄则栋主动上前与他握手并送他锦缎。科恩下车时拿着礼物的场景被捕捉并成了轰动性新闻事件。记者问科恩是否想去中国访问，科恩说："我想去任何我没有去过的地方去旅游，阿根廷、澳大利亚、中国都可以。"记者再次追问："那特别是指去中国吗？你想去吗？"科恩给予肯定。看到美方意图后，周恩来向毛泽东主席报告。经过磋商，毛泽东决定邀请美国队访华，第二天，尼克松同意中方的邀请，后其特使基辛格率队开始访问中国。可见，乒乓球搭建了中美两国互动的桥梁。

案例二：普京"玩转"世界杯

俄罗斯人向外界传递出来的整体形象一直都是"不苟言笑"的，他们与外界的交往总是显现出不太热情的一面。当全世界目光聚焦于2018年世界杯举办国俄罗斯时，他们显然需要跨越文化障碍，于是，俄罗斯人"练习"起了微笑。世界杯这个大舞台给了俄罗斯提振国家形象的机会。在此次世界杯举办之前，英国首相特雷莎·梅禁止本国的官员参与这次世界杯的任何活动，还倡议盟国拒绝参与本届赛事。普京利用好了这次机会，他向多国政要发出邀请后，6月21日身为联合国秘书长的葡萄牙人古特雷斯赴现场观看葡萄牙对阵摩洛哥的比赛。在7月1日西班牙与俄罗斯的1/8决赛中，虽然普京本人没有来到赛场，但是在比赛结束之后，普京不忘打电话给西班牙国王费利佩六世，并以其独特的幽默感笑称："西班牙球技属于世界的顶级水平，俄罗斯战术却起了关键作用，不管怎样，希望阁下在任何方便的时候到访俄罗斯。"就连之前扬言抵制的法国总统马克龙和克罗地亚总统科琳达也到了决赛现场观赛。普京利用国际赛事改变了俄罗斯之前的国际形象。

案例三："一带一路"马拉松

马拉松参赛的门槛不高，人们经过简单的培训和一段时间的准备工作后就可参与此类赛事。马拉松是大众非常喜爱的竞技赛事，近年来参与人员日益增多，赛事报名人数激增，最后只能通过摇号的形式来决定参赛人员名单。"一带一路"马拉松赛是由中国田径协会和智美体育创设的首个国际IP，旨在响应倡议、深化合作、搭建桥梁，扩大中国体育事件的影响力，促进"一带一路"理念深入沿线国家，充分发挥马拉松运动在沟通感情、促进交流方面的巨大价值。"一带一路"马拉松系列赛将在"一带一路"国家沿线城市按照既定计划进行。"2017马来西亚马拉松"由中国田协负责整个赛事的规划，智美体育负责系列赛的运营，马来西亚是系列海外赛首站。马拉松的系列赛事将会为沿线国家共同交流搭建基于身体运动交流的最佳平台。各国合作举办马拉松系列赛能进一步加强民众间的交流，使"一带一路"共同发展观念深入人心。所以，竞技运动赛事成为中国与"一带一路"沿线国家沟通的桥梁与纽带。

9.3　竞技运动延伸价值：军事价值

9.3.1　竞技运动军事价值结构构建

虽然现代战争的信息化程度有所提升，但这并不意味着身体因素就不再重要。竞技运动军事价值是指竞技运动对于军队建设、军人素质提升、部队战斗力提升等发挥的价值。"竞技训练出战斗力"是部队的长期经验之谈。在未来高技术含量、信息化战争条件下，在部队生成和提高战斗力过程中，对于竞技训练究竟怎样发挥价值的问题，人们在认识上还不深刻。在竞技运动中任何一方要获得比赛胜利，其教练员都需要运筹帷幄，充分调动运动员的特长，审时度势后进行有效指挥。因此，竞技运动为军事对抗提供了天然模拟现场，同时运动训练和竞赛中的理念也可以移植到军事中。竞技运动运用到现代军事领域除了可以提高官兵们的身体素质外，还可以促进军事交流，提升官兵的心智能力，促成健康而和谐的军队文化等，这是竞技运动在新时期军事活动中的重要价值，也为军队竞技运动的发展提供了思路。国内学者关于竞技运动军事价值要素的研究如表 9-7 所示，国外研究集中在运动精神价值、素质教育开展价值、军事比赛价值、军事规范价值、军事锻炼价值、厘清军事策略价值等方面，虽然成果较多，但多为单因素研究，而本文试图构建其价值结构。

表9-7　国内学者对竞技运动军事价值要素的研究（依时间排序）

主　题	学　者	时　间	主要结论	涉及的竞技运动军事价值要素
新中国军队体育五十年[①]	彭玉康李之文	1999 年	我军的军事训练坚持把竞技运动视为增强官兵体质的手段，促使军事手段和竞技运动的训练手段相结合。我军一贯把竞技运动训练的方法手段纳入军事训练之中，旨在提高官兵的体质	体能提高价值

① 彭玉康、李之文：《新中国军队体育五十年》，《解放军体育学院学报》1999 年第 3 期。

主　题	学　者	时　间	主要结论	涉及的竞技运动军事价值要素
老一辈无产阶级革命家论体育对提高部队战斗力的作用①	胡逢清	2000 年	运动有利于官兵锻炼判断力和决断力，培养灵活机动的指挥能力和运筹帷幄的能力。运动训练可以提高作战人员思维的创新性、敏捷性、快速性	运动技能价值
论 21 世纪的军人体能训练与军事体育教育②	张训才	2000 年	新世纪军人体能训练应把握运动规律。军事训练具备战事相关的残酷性和紧迫性，但机能规律却与竞技运动的体能提升手段有异曲同工之妙	训练手段价值
浅谈体育训练与军队的战斗力③	保大平田军楚维	2002 年	竞技运动理论可移植到军队的军事训练中，我国一直存在着理论落后于实践的问题。我军针对新时期军队出现的新现象、新问题，结合竞技运动训练的理论采取了一套行之有效的方法，使军队训练更加规范、科学、有效	训练方法价值
关于新形势下军人体能训练与军事体育教育的若干思考④	倪宏强	2004 年	竞技运动理论在应用到军人的训练之中时，需要考虑竞技运动与军队训练的共同点和差异性，同时要考虑军事训练要适应现代高科技、信息化和立体化战争的实际需求	体能训练价值
拓展训练对提高部队战斗力的探究⑤	徐巍	2005 年	拓展训练在部队的应用需要从基本的技术手段出发，即军队的训练要从战争的角度出发，从实战出发设计符合军队客观实践的训练方法体系。训练不但要提升士兵的身体素质，而且需要提升士兵的多维思考能力、面对纷繁复杂战局的分析能力和决策能力、能跟其他人配合完成既定任务的能力	心理能力价值思维能力价值协作能力价值

① 胡逢清：《老一辈无产阶级革命家论体育对提高部队战斗力的作用》，《解放军体育学院学报》2000 年第 1 期。
② 张训才：《论 21 世纪的军人体能训练与军事体育教育》，《解放军体育学院学报》2000 年第 4 期。
③ 保大平、田军、楚维：《浅谈体育训练与军队的战斗力》，《西安体育学院学报》2002 年第 A1 期。
④ 倪宏强：《关于新形势下军人体能训练与军事体育教育的若干思考》，《解放军体育学院学报》2004 年第 1 期。
⑤ 徐巍：《拓展训练对提高部队战斗力的探究》，《军事体育进修学院学报》2005 年第 3 期。

续表

主　题	学　者	时　间	主要结论	涉及的竞技运动军事价值要素
论定向越野训练的军事价值[①]	司世明	2007 年	开展定向越野训练对部队官兵的锻炼价值是无法估量的，如士兵运用地图完成任务的能力得到增强、心智能力得以提升、对环境的适应能力得到提高。定向越野可以增强部队的机动、灵活的作战能力	心理素质价值身体素质价值身体技能价值
军事理论教学与体育战术意识培养的研究[②]	姜栓来	2010 年	竞技运动的战略、战术、技术是军事作战方法应用的延伸，具有与军事战略相类似的内涵。在军事理论教学中，教师可以根据竞技运动的案例来解释军事基础理论，强化学员的直观感受，让其更加深刻地理解战术意识的重要性	战术应用价值
体育与军队"软实力"[③]	郭刚	2016 年	竞技运动是铸造个人乃至群体凝聚力的社会文化活动，是精神强化方式。为铸造军人的战斗精神，我们应充分重视竞技运动，在军队院校中加大对竞技训练重要性的宣传，把竞技运动项目的训练无痕地融入部队的军事训练中	作风提升价值精神提升价值

　　竞技运动通过其固有属性满足客体需求以体现价值，由需求差异来体现价值的多维性，如军事作风价值、体能提高价值、技能储备价值等。竞技运动的军事训练与竞技能力训练具有天然的相似性，两者都是以身体训练作为基本载体，并通过长期、系统和艰苦的训练来提升人们与他人协作对抗的能力。如表 9-8 所示，该体系主要由三种类别（二级价值要素）及九要素（三级价值要素）共同组成。其中，三种军事价值类别为：军事体能价值（C1）、军事作风价值（C2）、运动基础价值（C3），每种军事价值类别又由三要素组成，如军事体能价值（C1）主要由素质提高价值（C1-1）、形态提升价值（C1-2）、技能改善价值（C1-3）组成；军事作风价值（C2）主要由顽强作风价值（C2-1）、吃苦作风价值（C2-2）、硬朗作风价值（C2-3）组成；运动基础价值（C3）主要由运动知识价值（C3-1）、运动技术价值（C3-2）、运动技能

---

①　司世明：《论定向越野训练的军事价值》，《军事体育进修学院学报》2007 年第 2 期。

②　姜栓来：《军事理论教学与体育战术意识培养的研究》，《第一健身俱乐部·理论研究》2010 年第 3 期。

③　郭刚：《体育与军队"软实力"》，《军事体育学报》2016 年第 2 期。

价值（C3-3）组成。表9-8所反映的是竞技运动军事价值的价值体系以及价值层次、价值要素及其内涵，具有鲜明的层次结构、关联释义功能。

表9-8　竞技运动军事价值体系及其层次结构

一级要素	二级要素	三级要素	要素内涵
竞技运动军事价值	军事体能价值（C1）	素质提高价值（C1-1）	提高单兵素质 应对现代战争
		形态提升价值（C1-2）	改变外部形态 适应军事需求
		技能改善价值（C1-3）	提高技能水平 准备军事训练
	军事作风价值（C2）	顽强作风价值（C2-1）	遇挫沉稳对待 敢于屡败屡战
		吃苦作风价值（C2-2）	克服极端条件 善于吃苦耐劳
		硬朗作风价值（C2-3）	彰显军事品质 展现钢铁意志
	运动基础价值（C3）	运动知识价值（C3-1）	提升运动知识 提供智力保障
		运动技术价值（C3-2）	提高基础技术 奠定技能基础
		运动技能价值（C3-3）	提高基础技能 保障能打善赢

由此可见，竞技运动军事价值要素的体现形态并非与其他要素没有联系、不成体系，实际上，竞技运动军事价值与其教育价值、政治价值等密切关联，我们从结构表中可以清晰地看到，军事价值中包含了精神价值和教育价值的要素。同样，其内部各层次要素的本质元素也存在着紧密关联的情况，竞技运动军事价值的内部层次要素间有重叠的内涵要素，而这在竞技运动实践中都可以找到诸多例证。诸多实例证明：竞技运动军事价值的结构层次要素之间密切关联。例如，军事体能价值的效果往往引导运动基础价值的实现，运动基础价值的功效通常影响军事作风价值的发挥，而军事作风价值的发挥有赖于军事体能价值的发挥。因此，我们必须深刻地探知竞技运动军事价值与政治、教育等价值的关系；必须辩证地探知竞技运动军事价值中军事体能、军事作风、运动基础二级层次要素之间的辩证关系；必须动态地剖析竞技运动军事价值中三级层次九个要素间的关系。显而易见，由此我们能实时反映竞技运动军事价值与社会的关联，准确把握其本质与变革间的相关性，使竞技运动变为推动制度变革和文明进步的推手。

9.3.2 军事价值结构核心要素解析

竞技运动军事价值中下位要素的结构体系是由三级层次的九个军事价值要素共同组成的。然而，在不同的发展阶段，竞技运动军事价值要素的重要程度存在着显著差异。为透彻分析和认识军事价值要素之间的细微差异，我们可采用数理统计的方式进行求证。德尔菲和主成分分析法在本文中得到了充分的运用，而表 9-9 显示了最终的分析结果。如表 9-9 所示，三级军事价值中的素质提高价值（C1-1）、吃苦作风价值（C2-2）、运动技能价值（C3-3）的特征值相对较大，分别为 9.352、8.103、7.526，三者累计方差百分比分别为 32.386%、54.714%、70.043%。由此说明，素质提高价值（C1-1）、吃苦作风价值（C2-2）、运动技能价值（C3-3）不但是构成竞技运动军事价值的重要部分，而且是影响其军事价值的主要因素。计算得知：这三个价值要素反映了现实军事价值内涵信息的 70.043%（其特征值均大于 1），这说明"素质提高""吃苦作风"和"运动技能"是竞技运动整个军事价值结构中的重要因素。因此，着重分析这三个因子可以基本反映竞技运动军事价值的核心内涵。

表9-9 竞技运动军事价值解释总方差表

军事价值要素	协方差矩阵的特征值			因子载荷平方和			旋转因子载荷平方和		
	特征值	方差百分比	累计方差百分比	特征值	方差百分比	累计方差百分比	特征值	方差百分比	累计方差百分比
C1-1	9.352	30.874	30.874	8.352	33.685	33.685	8.352	32.386	32.386
C2-2	8.103	16.254	47.123	8.103	18.763	52.448	8.103	22.328	54.714
C3-3	7.526	14.652	61.775	7.526	14.325	66.773	7.526	15.329	70.043
C3-1	0.852	7.632	69.407						
C2-3	0.823	7.236	76.643						
C2-1	0.762	7.136	83.779						
C3-2	0.582	6.932	90.711						
C1-3	0.462	5.325	96.036						
C1-2	0.365	3.675	100						

由最终的统计结果可知，在军事体能价值（C1）中，虽然素质提高价值（C1-1）的特征值高于形态提升价值（C1-2）和技能改善价值（C1-3），但是形态提升价值（C1-2）和技能改善价值（C1-3）同样意义重大，应该说"提高单兵素质、应对现代战争"可以更加有效地增强"改变外部形态、适应军事需求"和"提高技能水平、准备军事训练"的功效。在军事作风价值（C2）中，虽然吃苦作风价值（C2-2）的特征值显著高于顽强作风价值（C2-1）和硬朗作风价值（C2-3），但是顽强作风价值

（C2-1）和硬朗作风价值（C2-3）同样意义重大，应该说"克服极端条件、善于吃苦耐劳"往往通过"遇挫沉稳对待、敢于屡败屡战"和积极"彰显军事品质、展现钢铁意志"而实现。在运动基础价值中，虽然运动技能价值（C3-3）的特征值高于运动知识价值（C3-1）和运动技能价值（C3-2），但是运动知识价值（C3-1）和运动技术价值（C3-2）同样作用重大，应该说"提高基础技能、保障能打善赢"基于"提升运动知识、提供智力保障"和"提高基础技术、奠定技能基础"。因此，揭示其价值体系及军事价值核心要素时，我们必须密切注意其要素的多维联系。

如表9-8所示，素质提高价值（C1-1）、吃苦作风价值（C2-2）、运动技能价值（C3-3）为竞技运动军事价值的主要要素。从整个竞技运动角度和主成分分析结果来看，三个要素的价值特征值位居前列绝非偶然。其中，素质提高价值（C1-1）的特征值最大，这说明素质提高价值（C1-1）相对于其他军事技能而言更加基础，素质的提升能为战士掌握基本军事技能提供身体基础；吃苦作风价值（C2-2）的特征值次之，这表明在战争的极端条件下，战士需要克服极端困难，发扬吃苦耐劳的精神才能打硬仗、克敌制胜，而竞技运动是长期、系统、艰苦的过程，长期竞技训练可以为战士发扬一不怕苦、二不怕死的精神打下坚实的基础；运动技能价值（C3-3）的特征值再次，这证明战争行为是斗技、斗智、斗体能、斗心理的综合配合，战士综合能力关系到战争胜负。分析结果表明：三个要素不仅反映了不同层次竞技运动军事价值的首要要素，还反映了整个竞技运动军事价值的价值权重。结果表明：竞技运动整体性军事价值和层次性的军事价值要素虽高度相关但并不相同。

9.3.3 实现军事价值核心要素的路径

鉴于竞技运动对战士素质提高的重要作用，世界各国的军队都很重视竞技运动训练。英军视体育项目训练为练兵秘籍，并将军队体育项目的训练纳入了日常训练科目。英军的基本理念是历次战争实践表明，军队战斗力的强弱取决于人的综合能力的高低，而武器先进与否只是外在条件，提高军队战斗力关键在人而不在物。日本把体育项目的日常训练作为军事训练的四大重点内容之一，他们把单兵素质的身体训练与军魂的塑造、武器科技含量的提升和军事战略战术研究的重要程度相提并论。美国著名的西点军校把"人人都是运动员"当作士兵训练理念并加以执行。通过体育项目训练提升部队的综合战斗力和执行力是各国军队长期实践后总结的经验。我国部队的军事训练也涉及大量体育项目训练。在海湾战争的对抗中，以美军为首的多国部队，不仅武器更加先进，且综合体能更加突出，而后者完全得益于美军平时严格的体能训练和每年到热带丛林、沙漠和寒冷地带进行的野战生存训练。其实现路径如下：其一，加强军事院校与体育院校的理论研究交流；其二，加强对竞技运动体能训练和专门化军事训练间关联的研究。

由于竞技运动训练具有长期、系统、艰苦性，所以参加者必须有百折不挠的勇气和毅力，要长期坚持才能提升竞技能力，最终获得比赛的优胜。在部队中，战士在竞技运动训练中的吃苦精神可以转化到军事技能训练中，战士的吃苦作风最终表现在军事技能、军事训练的锤炼中，竞技项目的训练有利于培养士兵坚韧不拔、吃苦耐劳的生活和训练作风。即便在和平时期，战士的吃苦精神也能显现出来。例如，在解决1998 年九江城防大堤决口封堵危机中，"硬骨头六连"经过长途跋涉，还没来得及休息就投入了紧张的抢险行列中，在极端条件下连续战斗超 87 小时，为保住大堤做出了卓越的贡献，关键的时候没有士兵打退堂鼓。"硬骨头六连"在人民群众遭遇困境时能有极强的战斗力，这与平时的竞技运动项目训练分不开，它铸就了士兵坚韧不拔的毅力和吃苦耐劳的精神。竞技运动军事价值实现路径：在部队竞技运动训练中贯彻吃苦耐劳、百折不挠、艰苦奋斗的精神风貌；在军队中加强奥运冠军、世界冠军等励志故事宣传，号召全军学习优秀运动员吃苦耐劳、勇于拼搏的精神。

竞技运动对抗模拟战争，对抗和战术博弈的原理是相似的。因此，在部队中开展竞技运动技能训练能为战士掌握军事技能打下坚实的基础，为战士学习其他技能助力。战争是竞技运动的极端表现形式，战争的"竞争"远比竞技运动的模拟对抗更加真实、深刻和残酷。很多竞技运动的战略、战术手段都是从军事手段中不断剥离、转化、模拟、演变而来的，竞技运动本来就是对战争对抗的模拟。从对抗手段、竞争谋略的深度来看，军事对抗处于"师傅"的地位，而竞技对抗是"徒弟"；从体能提升、身体综合素质提高、运动技能训练手段的实效性、比赛组织等角度来看，竞技运动也是"师傅"，而军事训练是"徒弟"。竞技运动军事价值实现路径是在部队中广泛开展各种项目的训练和竞赛；提高部队教官的运动技能传授能力。

附：竞技运动军事价值案例

案例一：足球"改变战局"

自 2018 年世界杯，国际社会才开始知晓俄罗斯人热衷于足球，但其实这种热爱在很多年之前就有先例。第二次世界大战的列宁格勒保卫战期间，俄罗斯的军事生活条件非常艰苦，军民缺衣少食，对战局势非常紧张，敌方大军压境、兵临城下。即使身处如此绝境，俄罗斯军民也没有被压垮，而足球就是军民此时的精神食粮。1940 年举行了足球赛，1941 年的战争已不可避免，在如此艰难的时刻，苏联足球锦标赛还在 5 月进行了长达 10 轮的角逐。6 月 22 日在基辅进行了迪纳摩和莫斯科红军队的对抗赛，但在这天凌晨，德军开始疯狂进攻，比赛不得不延期。接着，德军开始对俄罗斯军民进行封锁。封锁下的列宁格勒（圣彼得堡）军民食物短缺，但其过了冬天就开始筹办系列足球赛。虽然规则比较简易，但是就是这样一场足球比赛却成为其从精神层面与对手的殊死较量。2012年，俄罗斯剧组根据真实故事改编后创作了《死亡竞赛》，讲述了被停苏联士兵通过足球比赛来赢取生存机会，列宁格勒军民通过足球唤起信心，甚至对获胜起到重要作用的故事，最后斩获俄罗斯电影节奖项。由此可见，竞技运动项目在部队的开展有利于提升部队的战斗力和凝聚力。

案例二：体能超强的"海豹"

美国海豹突击队战绩卓越，以一到两人为一组训练和执行任务，且最多8人的战斗类别最常见，同时其执行的任务也绝对是保密计划。他们有严谨的筹划和闪电般的行动，执行力和战斗力在业内久负盛名。即便在和平时期的训练中，海豹突击队仍然接受模拟战争环境的异常高压锤炼。在海豹突击队的日常训练中，严酷的训练标准和超强的训练负荷是训练的基本模式，并存在超高的淘汰率，海豹突击队的基本训练理念是只有训练多出汗，才能降低战场伤亡率。在美国军队的体能训练系统中，有许多经典的训练项目。在20世纪80年代，一种由高密度纤维制成的毛巾进入了士兵的供应袋，该袋足够坚硬，能承受数百磅的力量冲击。士兵将其围绕在坦克桶上并抓住它做引体向上等身体练习，或将壶铃系在木箱上，以进行柔韧和力量的训练。进入新世纪后，美军开发了新的悬架体能训练系统，军人依靠腰带可以保证战时的训练强度。后来，美国兰迪赫特里克设计了基于军事训练理念的TRX悬挂训练系统。悬吊训练可造就军人强壮的肌肉、稳定而灵活的关节、强大的核心力量和正确身体姿势。

案例三：竞技项目"铸军威"

"战斗民族"俄罗斯军队虽已不复苏联时代的军力，但如今在训练中作风依然顽强。尤其针对不少新兵是家中独子、娇生惯养、综合素质不高的现状，俄军专门出台了竞技锻炼细则，规定所有军人每天必须进行1小时训练。俄罗斯军队的训练严格"从实战出发"，朝士兵胸腔开枪是科目之一，被枪击者必须快速准确回击，而做这种演习是让军人做好随时被枪击的准备。他们的训练内容还包括在有人质时练习射击准确度，在有压力的情境下训练专注度。部分俄罗斯青少年需在12至16岁进入俄罗斯军事学院，进行为期三年的系统学习，进行兵器运用学习、身体素质训练等。军校学生在校期间需服从军事化管理，而其学费和相关费用由国家报销。旅级单位要求至少10名军事体育学院的毕业生担任"指导员"，项目被重组为格斗、越野、射击、潜水、游泳、滑冰和滑雪。每个人每年接受两次体检，得分较高者获奖，较低者受罚。在军事训练中，几乎每个士兵都是灰脸的，在训练过程中咬牙切齿，真是"痛并快乐着"。俄罗斯军队通过竞技运动项目锤炼使军人素质大为提高。

案例四：军人"奥运会"

第六届世界军人运动会在韩国闻庆市举行。军运会的 24 场正式比赛中，除了陆海空五项基本项目，其他所有项目都是奥运项目，项目设置越来越接近奥运会。在现代奥运会中，大约四分之一的奖牌被军人带走。在具有鲜明特色的军事和其他体育运动中，军事人员的比例有时高达 90%。在本次角逐中，中国人民解放军代表队运动员在运动会中弘扬了优良传统。他们并不害怕强壮的选手，勇敢地战斗，发挥技术和战术水平，并没有辜负祖国的期望。游泳队共斩获金牌 11 枚、银牌 7 枚、铜牌 6 枚。一群年轻的军事运动员站出来承担了沉重的责任。跳伞赢得了 4 金 4 银 1 铜，取得了跳伞历史性突破；田径获 4 金 2 银 3 铜；跆拳道项目赢得了 4 金 3 银 2 铜。我们实现了军事运动会男子项目金牌突破，黄剑南在男子 74 公斤最后的金牌角逐赛中发现肩关节脱位后，他竟然现场治疗，最终夺冠，赢得了观众们的热烈鼓掌。成就的获得绝非偶然，它来自那些经过长时间艰苦训练的运动员。如果要赢得战争，士兵必须强化综合素质，锤炼坚强意志，培养军人血性。

9.4 本章小节

本章框架性地建构了反映竞技运动军事价值、政治价值和外交价值的结构体系。军事价值由军事体能价值、军事作风价值、运动基础价值要素构成；政治价值由弘扬国威价值、凝练思想价值、激励民族价值构成；外交价值则由国际交流价值、民族交流价值、信仰交流价值构成。

我们层次性地发现了影响竞技运动军事价值、文化价值、政治价值和外交价值的核心要素，其整体性的文化价值和层次性的文化价值要素虽高度相关，但并不相同。竞技运动文化价值的发挥要求发挥核心要素的主体价值，并兼顾其他要素的综合效应。本章解析性地提出了实现军事价值、政治价值和外交价值的核心要素的基本路径。

第 10 章　竞技运动价值链的综合分析

10.1　价值链环的基本归类

　　竞技运动价值的八大横向价值链环分别由精神价值、教育价值、经济价值、运动价值、文化价值、外交价值、政治价值、军事价值构成，前五项为核心价值链环，后三项为延伸价值链环。竞技运动说到底是社会现象和社会活动，它既具有一切社会现象或活动那样的普适性价值，又有竞技运动本身的独特性价值。竞技运动普适性价值体现在其经济价值、政治价值、外交价值、教育价值四个价值链环中，而竞技运动价值结构中特殊的、独有的、本源的价值集中在竞技运动精神价值、运动价值、文化价值、军事价值四个价值链环中。竞技运动普适性价值和特殊性价值所发挥的效用具有差异，其中特殊性价值由其本质、特征、功能决定。竞技运动特殊性价值实质上反映着其本质内涵要素。这些要素是竞技运动独有的、本源的价值。正因这些价值要素的存在，竞技运动才能成为人类社会现象、社会活动、社会文化中具有独特魅力的不可替代的现象、活动和文化形态。正由于其价值具有其他社会现象、活动、文化形态不可替代的作用，竞技运动才成为跨越信仰、种族、文化、语言障碍的全球活动、人类文明和世界遗产。

10.2　价值链环之间的关联

　　竞技运动价值虽然分开表述，但是我们可以清楚地看到其各级要素间存在明显的交互关系。下面就以竞技运动核心价值链环为例，分析它们与其他各价值链环之间的关联。

首先是竞技运动精神价值与其他价值要素间的关联。竞技运动的精神价值与教育价值、运动价值、文化价值密切相关，其中精神价值在某种程度上体现为教育价值，具体而言即尊重精神价值、公平精神价值、拼搏精神价值、参与精神价值、挑战精神价值、创新精神价值、奉献精神价值、团队精神价值、友谊精神价值在某种程度上表现为教育价值要素。与此同时，竞技运动教育价值的实现有赖于此类精神价值的实现。竞技运动精神价值与运动价值的关联体现在运动价值中的行为能力价值与精神价值中的竞争精神价值密切相关，即意志品质价值、自控能力价值、执行能力价值等行为能力价值的发挥离不开拼搏精神价值、挑战精神价值、创新精神价值的作用。精神价值与文化价值的关联体现在竞技运动文化价值的实现需要以精神价值中的竞争精神价值为前提，文化价值在某种程度上体现为精神价值，精神价值的实现也需要文化价值的推进。

其次是竞技运动教育价值与其他价值的关联。竞技运动教育价值与精神价值、运动价值关系密切，其中教育价值与精神价值的关联在前文中已阐述，故不再赘述。运动价值与教育价值相辅相成，运动价值的实现可以促进教育价值的实现。运动价值的实现是教育价值实现的前提，且运动价值属于特殊性价值，只有充分实现竞技运动的运动价值，其教育价值才能得到充分实现。运动价值与其他价值要素的关系表现在：运动价值属于本源性价值，内隐于各个价值要素之中。

最后是竞技运动经济价值与其他价值的关联。经济发展是文化繁荣的基础，因此，社会、校园、职业竞技运动的发展离不开经济价值的实现。美国能多年在奥运会中夺魁，一方面与美国社会的重视有关，另一方面与社会的资金捐助有关。竞技运动经济价值与文化价值密切相关，竞技运动文化价值的实现需要经济价值作为基础性要素。竞技运动经济价值的实现是文化价值实现的基础，经济价值决定着文化价值的实现程度，同时，竞技运动文化价值也反作用于经济价值，不同竞技运动文化价值对经济价值实现的作用会体现出显著差异性。总之，两者的关系是经济基础与上层建筑的关系。

10.3　横向价值链动态变化

竞技运动涵盖职业竞技运动、校园竞技运动和社会竞技运动三种基本形式。现代夏季奥运会是竞技运动中代表性的表现形态，其特征最为明显。因此，本文以现代夏奥会的价值变化为例阐述竞技运动横向价值链的动态变化。现代奥运会在百年华诞之后逐步进化成了国际社会具有代表性意义的文化盛宴。首届奥运会的比赛项目只有 9

个大项、43 个小项，且仅 14 个国家的 241 名运动员参与角逐。2016 年，比赛项目变为 28 个大项、306 个小项，同时有 205 个国家的 11 303 名选手参与竞争，项目规模和参赛人数在发展过程中逐步扩张和增加。现代奥运会项目的具体设置处在动态调整中，以 2020 年的东京奥运会为例，本届奥运会将增加空手道、攀岩、棒垒球、冲浪和滑板 5 个项目（表 10-1）。当然，其发展也并非一帆风顺，在发展过程中多次面临生存挑战和可持续发展的风险。本文在追溯项目起源及地域的基础之上参考阿尔弗雷德·塞恩关于现代奥林匹克运动的划分，结合奥林匹克运动价值变迁特点，以"二战"和 1984 年的改革为界点对现代夏奥会的发展历程进行阶段划分。

表10-1　奥林匹克运动起源年代及地域（截止到2020年东京奥运会）

年　代	产生的奥运项目	起源地域	项　数
	田径、摔跤、拳击、击剑、马术、网球	欧洲	6
17 世纪前	空手道	日本	1
	冲浪	美国	1
17 世纪	游泳、射箭、帆船	欧洲	3
18 世纪	举重、赛艇、体操	欧洲	3
	皮划艇、棒球、艺术体操、足球、垒球、水球、自行车、现代五项、羽毛球、乒乓球、射击、跳水、曲棍球	欧洲	13
19 世纪	排球、篮球	美国	2
	柔道	日本	1
	手球、花样游泳	欧洲	2
20 世纪	铁人三项、蹦床、帆板、滑板	美国	4
	跆拳道	朝鲜	1
	攀岩	苏联	1

第一个阶段（1896—1945 年）：稳定竞赛项目的战争调整阶段。世界大战给全世界的人们及奥运会本身带来了巨大影响。1915 年，为避开危险和战场，在好友的协助之下，顾拜旦将奥委会搬至洛桑。同时，多期"奥林匹克评论"并没有停下宣传奥运会精神和理念的脚步。[①] 即使在战争期间，国际奥委会依然将奥运会奖章颁给每年为奥林匹克运动做出杰出贡献的维权者。此外，陆陆续续有新鲜血液补充到国际奥委会之中。在世界大战期间，奥运会理念的宣传工作和组织建构都是在非常艰苦的条

① 郎玥、黄亚玲：《论顾拜旦的精英主义》，《体育文化导刊》2017 年第 5 期。

件下进行的，前期的工作为后来奥运会项目的不断发展作了良好的铺垫，为组织结构的完善奠定了坚实的基础。此时，许多洲际运动会快速扩充，且这些运动会的项目设置与奥运会的项目设置有诸多重叠之处，奥林匹克运动的理念和项目被传播到世界各地。在战争期间，各国家和组织间的关系停滞不前，同时战争动荡使奥运会发展陷入了前所未有的危机。①

在国际奥委会的成立大会上，顾拜旦提出其历史使命担当：确保奥运会的顺利发展。在奥委会的第二份公报中，顾拜旦指出：奥运会已消失很长时间，但由于人们在过去 30 年里越来越多地倡导竞技运动，同时竞技游戏具有国际性，而此特征与当时的社会思想和人们的需求相兼容，因此，奥林匹克运动迎来了复兴的最佳时机。② 我们能否从竞技运动获益的关键是如何引导竞技运动健康、和谐地发展。因此，即便在战争期间，国际奥委会依然抓住了 20 多年的发展机遇期，以奥运会前期经验为基础，逐步将其规则标准化、系统化、程序化。虽然在此期间比赛大项数量仍不稳定，但是此时的奥运会有稳定的传统小项，如摔跤、自行车、击剑、体操、拳击、举重等。此外，表演项目的不断参与为奥运会增添了色彩，也为官方项目筛选提供了参考项目③，为现代奥运项目的发展迈出了重要一步。在早期发展阶段，现代奥林匹克运动项目的观赏性不断得到提升，激发了普通公众参与的积极性。毫无疑问，在此阶段，国际奥委会的主要任务是通过振兴奥运会来促进世界竞技运动的快速扩充和组织结构的不断完善。

第二个阶段（1946—1983 年）：恪守业余原则的基础发展阶段。随着第二次世界大战结束，第三次工业革命的到来促进了奥林匹克运动的快速变革。在社会经济、文化得到极大发展的背景下，现代奥运会比赛项目的设置也走上了平稳发展的道路。此时，奥运竞技项目开始基本固定，具体项目设置基于 1936 年柏林奥运会的项目设置。其中，大型比赛项目数量保持在 17 ~ 19 个，小项目数量略有增加，但幅度相对较小，项目的波动仅涉及排球、柔道、手球、马球四个项目。此时期女权运动不断发展，所以女子足球、女子网球等项目不断加入，而这也使小项目呈现明显上升趋势。此阶段奥运会的扩大主要是由于比赛的急剧增加、运动员人数和参与国家数量的持续增长。130 个国家的奥委会得到了国际奥委会的承认（1945—1972 年），122 个国家的奥委会参加了慕尼黑奥运会，与首次参与夏奥会的国家奥委会总数相比（13 个国家奥委

① 孙葆丽、陈小蓉、王月、张涛：《奥林匹克运动可持续发展萌芽阶段探析》，《体育学研究》2018年第 6 期。
② 郭兆霞：《奥林匹克教育历史演变研究》，博士学位论文，北京体育大学，2010。
③ 骆正林：《奥林匹克运动会的景观制造与价值传播》，《体育与科学》2016 年第 6 期。

会参加了首届夏奥会），扩充了9倍之多。[①] 显而易见，全世界都开始向奥运会聚拢，以参加比赛并获得奖牌作为国家荣誉的象征，逐步被奥林匹克运动魅力吸引，同时，国际奥委会扮演着推动者、组织者的角色，是奥林匹克运动"最坚定的核心"。

此时期的奥委会主席是布伦戴奇，他在1952年成为主席后，开始了对奥运会的持续改革。其所进行的变革受三类因素制约：奥运会日益增长的商业价值；以苏联和美国为代表的集团间的冷战；刚摆脱殖民统治新兴国家的民族觉醒。顾拜旦的思想和理念在国际奥委会被牢牢确立。因此，此时期国际奥委会的思想持续处于固化阶段，并没有通过自身的不断调整去适应动态变化的外环境，其变革往往是表面工作。[②] 布伦戴奇认为，奥林匹克运动的职责是为政治家树立和平榜样。他一直恪守奥运会的业余原则，杜绝任何奥运会竞技项目的职业化取向。在他看来，业余主义是奉献，而不是要求奖励。他认为竞技运动是"娱乐、消遣和休闲"，也是自由的、自发的活动，显然他的理解并没有透彻剖析奥运会的本质。在20年的任职生涯中，他持续捍卫奥运会的业余原则，并防止奥运会被商家利用为盈利工具。在此期间，由于奥运会的发展理念顺应时代发展，奥运会已进入稳步发展阶段，所以奥运会场馆设施已经开始实现规模化、科学化、艺术化。例如，罗马奥运会实现了艺术与竞技的融合；1964年，奥运会首次通过卫星进行直播。

第三个阶段（1984—2000年）：推动商业运营的快速发展阶段。在此阶段，由于奥运会受到万众瞩目，其隐含的商业价值变得越来越明显。特别是在萨马兰奇就任主席之后，世界各地奥运会的推广都需要经济基础作为后盾。此后，奥林匹克运动会被迫开始进行商业价值的开发和运作。随着奥运会开始受到经济因素的困扰，国际奥委会开始研究奥运会经济价值的挖掘。[③] 此时，比赛项目的总体数量也在不断增加：从1980年至2000年，奥运会的大项一直处于不断扩充之中，小项的数量也急剧增长，大项总数增加了7个，小项从1980年的203个增加至2000年的300个。由于其商业价值的开发，许多举办城市获得了经济利益。1997年，申办夏奥会举办权的城市达11个，创造历史之最。[④] 申办奥运热使奥运会获得了更加广泛的关注，奥运会项目也得到了快速的发展，但新问题也开始凸显。首先，申办城市的巨大资源消耗引起了舆论的尖锐批评。1986年，萨马兰奇开始成立专门部门对奥运会竞标城市的成本进行

---

① 焦素花、孙南、焦现伟：《现代奥林匹克运动"业余主义"的本体阐释》，《体育与科学》2016年第1期。

② 赵松、白春燕、魏彪：《现代奥林匹克运动教育思想的历史流变与当代发展》，《成都体育学院学报》2016年第2期。

③ 查建芳、孙小龙：《论奥运会口号变迁的人文意蕴：从洛杉矶到索契》，《体育与科学》2013年第1期。

④ 吴健、常生：《论奥林匹克运动商业化》，《体育文化导刊》2009年第8期。

核算和控制。其次，由于竞标城市较多，竞争非常激烈，国际奥委会成员被游说的压力增加。^① 基于此，1990 年 9 月，国际奥委会成立了三方联合评估委员会（由国际奥委会、国际体育联合会、国家奥委会组成），该委员会负责评估奥运会竞标城市，但恶性竞争并未得到遏制。^②

1998 年的贿赂丑闻严重败坏了国际奥委会向来拥有的良好声誉，它使国际奥委会开始意识到改革奥林匹克运动会规则的必要性和紧迫性。针对被破坏的秩序，国际奥委会所实施的改革措施如下：①道德委员会在 1999 年 3 月第 108 次全体会议上确定成立；②为防止竞标城市之间的恶性竞争，竞标的选举办法被反复修改，同时竞标城市的官员不得造访国际奥委会委员。与此同时，为了促进奥林匹克运动会的发展，萨马兰奇对参赛资格进行了变革，具体而言，其主持修改了《奥林匹克宪章》，取消了"业余"一词，同时国际奥委会授权给国际体育联合会限定游戏规则，协会则有权认定选手的身份是否遵循业余原则。只要协会认定运动员符合业余原则，国际奥委会也准许其参赛。^③ 因此，在汉城奥运会上，官方允许网球和足球职业选手参与角逐。这表明"专业"运动员有可能参加奥运会，他们受到的限制越来越少。在此阶段，资格委员会和国际体育联合会通力合作完成了"运动员准则"的资格审查，增加了专业元素，使奥运会更加激烈，也使奥运会的商业价值得以充分挖掘。^④

第四个阶段（2001 年至今）：促进项目瘦身的可持续发展阶段。随着罗格和巴赫的不断努力，可持续发展已成为奥林匹克运动变革和创新的趋势。^⑤ 随着"奥运减肥计划"和"2020 年改革"的不断实施，现代奥运会迎来了自我减肥的新时代。雅典和北京两届奥运会遏制了奥运会这一盛事近三十年的扩张趋势，使其基本上保持了相对稳定的项目设置。棒球和垒球在 2012 年奥运会被排除，自 1948 年以来，奥林匹克运动会的大项数量首次不升反降，至此，奥运会大项的数量开始受到严格控制，比赛规模开始逐步趋于稳定。罗格在国际奥委会政策制定中所遵循的核心理念是将夏季奥运会的参赛人数控制在万名以内，同时严格惩治腐败和使用兴奋剂行为。在他担任主席期间，棒球和垒球被排除出伦敦奥运会。罗格于 1989 年当选欧洲奥委会主席后，影响力开始加强，于 2001 年 7 月开始成为国际奥委会主席。作为 21 世纪第一任主席，

---

① 任蓓：《奥林匹克精神的当代传承与发展》，《成都体育学院学报》2013 年第 5 期。

② 孙湛宁、胡博然：《世界公民教育：新时代中国奥林匹克教育价值研究》，《北京体育大学学报》2018 年第 6 期。

③ 谢明：《奥运会参赛资格案的国际仲裁审查原则探析——从 CAS 的案例出发》，《法学评论》2016 年第 6 期。

④ 胡孝乾、郭惠珍、董刚：《国际奥林匹克治理体系发展、影响与思辨》，《北京体育大学学报》2018 年第 1 期。

⑤ 谭琳：《罗格与巴赫奥林匹克改革思想研究》，《河北体育学院学报》2016 年第 4 期。

他在上任伊始就雄心勃勃地开始了一系列适应时代发展的变革。他认为奥运会的规模必须得到合理控制，同时，让更多的城市有机会、有能力举办奥运会是其变革方向之一。奥林匹克运动只有主动变革以适应变化的外环境才能有旺盛的生命力。

在罗格任期内，国际奥委会除保证夏奥会和冬奥会的顺利举行外，还推动了持续的反兴奋剂斗争，对奥运商业化发展进行了控制，防止了奥运会项目臃肿。①他在任期间倡导反兴奋剂斗争，然而，目前各种国际体育组织中的反兴奋剂规则都尚未制度化、规范化，同时，政府和体育组织协同奋进的效用有限，这些严重制约了反兴奋剂斗争的成效。反兴奋剂斗争是他上任后面临的最大问题，因为这与竞技运动的可信度直接相关。他认为如果人们因为兴奋剂问题不愿意让他们的孩子参与竞技运动，那么这就意味着竞技运动的衰落，所以国际奥委会必须提高竞技运动的公信力和纯洁度，而这是奥林匹克运动立于不败之地的根本所在。②巴赫上任后主要考虑了两个限制条件：第一个是控制参与人数，第二个是限制场地设施。协调这两个条件后，奥委会可动态调整主项之下的小项总数，促进项目设置的合理性和可持续发展。对于因为商业目的而操纵比赛的问题，巴赫试图通过技术手段发现并加以杜绝。同时，对于其他操控比赛的问题，则通过采取多方配合的办法予以解决，如短期内与警方和政府通力合作、长期立法手段等。

竞技运动价值国际层面的变化表现为：从区域价值转变为全球价值。现代奥运会创立之始就树立了以竞技运动为纽带，加强不同国家人民的相互沟通和了解，以及维护和平、增进友谊、创建美好生活的伟大目标。不过上述目标一开始并未实现的，而是随着奥运会不断壮大，在国际社会中的地位不断提升才逐渐实现。在稳定竞赛项目的战争调整阶段（1896—1945年），奥林匹克运动受制于交通、传媒技术，只能起到加强以欧洲为主的参与国的沟通作用。在恪守业余原则的基础发展阶段（1946—1983年），随着科技进步，奥林匹克运动在国际层面的发展加快，交通手段的发展在缩短世界距离的同时，为奥林匹克运动的发展增加了更多可能性。在推动商业运营的快速发展阶段（1984—2000年），奥运会适时地成为促进不同民族和国家相互交流，消除偏见和误解的舞台。奥林匹克运动在缓解多元文化冲突、种族主义蔓延和生态环境的破坏等全球问题上作出了巨大的贡献。在促进项目瘦身的可持续发展阶段（2001年至今），奥林匹克运动持续致力于区域间的沟通，增强国家间的文化交流，真正使区

① 谭琳：《萨马兰奇与罗格的奥林匹克思想比较分析》，《体育文化导刊》2012年第7期。
② 谭琳：《罗格与巴赫奥林匹克改革思想比较研究》，2015第十届全国体育科学大会会议论文，南宁，2015，第2页。

域性运动成为全球性盛会。①

　　竞技运动价值个体层面的变化：从单一价值转变为综合价值。对个体而言，现代奥林匹克运动在发展早期仅起着锻炼、娱乐和放松的作用。在稳定竞赛项目的战争调整阶段 (1896—1945 年)，顾拜旦开始倡导竞技运动应该与文化和艺术相融合。1906 年 5 月，巴黎的艺术、文学和体育咨询会决议提及：大型体育比赛中增加诗歌和表演无疑可以提高其观赏性，满足人们放松娱乐的需求。在恪守业余原则的基础发展阶段 (1946—1983 年)，国际奥委会不仅致力于增强竞赛的激烈程度以满足大众的需求，还想方设法促使社会大众直接或间接参与其中。在推动商业运营的快速发展阶段 (1984—2000 年)，奥林匹克运动不仅满足了人们的观赏需求，还传播了参与竞技运动可以促进健康、实现更高生活品质的理念。正如萨马兰奇所说："奥林匹克运动超越了原本的竞争属性，在最广泛和最完整的层面，它绝对不可以逃离其教育的使命，它将运动艺术和拼搏精神融入全面发展的人。"在促进项目瘦身的可持续发展阶段 (2001 年至今)，奥林匹克运动开始调整项目设置，关注个体个性和成长，最终实现了促进其全面发展的综合价值。

　　竞技运动价值群体层面的变化：从一元价值转变为多元价值。对群体而言，在稳定竞赛项目的战争调整阶段 (1896—1945 年)，奥林匹克运动朝着规范化和标准化的方向不断前进，为其未来的繁荣壮大奠定了坚实的基础，更是满足了工业革命之后社会对"公平竞争"的追求。② "一战"和"二战"期间，为奥运会建设健全的组织架构为此时期国际奥委会的中心任务和使命担当，其价值的焦点也由追求个体全面发展的微观层面过渡到了推动社会民主、公平竞争的宏观层面。恪守业余原则的基础发展阶段 (1946—1983 年)，奥林匹克运动开始在促进两性平等上发挥重大的作用。例如，1968 年，莫妮卡·贝利（法）成为首位进入该领域工作的女性。在推动商业运营的快速发展阶段 (1984—2000 年)，国际奥委会在坚持不懈推动性别平等、公平竞争方面发挥了积极作用，并不断改变奥运会的商业盈利模式，使奥运会不再是"烫手的山芋"。在促进项目"瘦身"的可持续发展阶段 (2001 年至今)，奥林匹克运动与社会教育、文化、科技的结合不断深化，奥林匹克运动对群体的价值朝着更加多元化的方向不断推进。

---

① 吴阳阳、宋加强、宋玉：《现代奥林匹克运动价值变迁的历史回溯与现实观照》，《安徽体育科技》2018 年第 4 期。

② 肖红、肖光来：《现代奥运会开幕式表演的历史变迁、机制和启示》，《北京体育大学学报》2015 年第 3 期。

10.4　纵向价值区块链延展

现就竞技运动纵向价值区块链延展进行分析。在精神价值案例中，五个案例分别是：①女排精神"放光芒"；②国乒"创新永向前"；③阿赫瓦里的执着；④战火中的达娜；⑤哈佛、耶鲁的"百年竞争"。由此可见，竞技运动精神价值还表现在竞技运动参与者对心中信念的坚持。在教育价值案例中，四个案例分别是：①遭空难队获重生；②一代行动偶像：李娜；③齐达内的敢作敢为；④有一种能力叫"科比"。由此可见，竞技运动的教育价值不仅表现在率先垂范的教育方面，还表现在运动员做出错误行为后敢于承认错误，及时纠偏的示范。在经济价值案例中，五个案例分别是：①洛杉矶"不只赚吆喝"；②平昌，经济落后又如何；③世界杯"利在长远"；④"多金"的 NBA；⑤马拉松，年产 746 亿元。由此可见，竞技运动经济价值不仅体现在直接经济效益方面，还在于长远、间接效益。在运动价值案例中，四个案例分别是：①伊顿公学"运动第一"；②清华，无体育，不清华；③新、奇、特的校园生活；④竞技成就"非凡品质"。由此可见，竞技运动运动价值远远不止身体运动这么简单，它可使竞技运动参与者获得健全的人格、积极的生活态度、超强的执行力等。在文化价值案例中，涉及的四个案例分别是：①"超级碗"演变为狂欢；②蹴鞠博物馆现"真相"；③"到处踢球"的国度；④韩国跆拳道园成"圣地"。由此可见，竞技运动不是简单的比赛活动，其可承载民族基因及国家文化特质。在外交价值案例中，涉及的三个案例分别是：①乒乓球赛打破"交往尴尬"；②普京"玩转"世界杯；③"一带一路"马拉松。竞技运动不是简单的交往活动，其可在关键时刻化解矛盾、打破隔阂和误解，创造交往契机。在政治价值案例中，涉及的四个案例分别是：①奥运会的"初衷"。②56 年的"跨越"。③两国举"同面旗"入场。④重拾"奥林匹克休战"。竞技运动不是简单的集群活动，在重要场合可以降低战争风险、改变敌对关系。在军事价值案例中，涉及的四个案例分别是：①足球"改变战局"；②体能超强的"海豹"；③竞技项目"铸军威"；④军人"奥运会"。由此可见，竞技运动不是简单的军事战争的场面模拟，还可以为军队提供具备可行性的训练方法和手段。

10.5　价值发展趋势的思考

思考之一：竞技运动可能成为社会可持续发展的强劲动力。竞技运动不是简单的运动训练和竞技比赛，其价值也不局限于简单的经济价值和精神价值，它的深远价值在于推动整个人类社会的可持续、健康、和谐发展。奥林匹克理念（通过体育促进世界和平、民族交流与文化互融及青年人的教育）兴起于欧洲，此理念已在国际奥委会与欧洲奥委会牢牢确立。^①2018年12月3日，联合国大会通过了题为"体育促进可持续发展"的决议，鼓励会员国将竞技运动作为促进可持续、健康、和谐发展的重要力量和社会文明的推进器，承认了竞技运动以及奥林匹克运动在加强国际交流中的地位。决议在提交给联合国秘书长后获得通过。它倡议会员国在充分调动本国积极性的基础上，促进政策的一致性，促成国家政策的制定和政府支持的方案，同时，作为社会或经济发展工具，该报告承认国际奥委会在促进世界和平和和谐发展方面的功劳和贡献。2015年通过的"2030年可持续发展议程"明确强调体育的作用和价值。通过决议，联合国呼吁会员国充分利用竞技运动来实现社会发展目标，并与民间社会、国际组织紧密加强合作。

该决议指出，奥林匹克运动作出了促进世界和平与发展的巨大努力，特别是倡议奥林匹克休战宣言的持续工作。它肯定了竞技运动在尊重及增强个人和社区权能方面的贡献。该文件还强调了竞技运动促进身体机能、教育青少年的重要价值。该决议认为竞技运动具有自身的独立性、自主性，国际奥委会具有引导奥林匹克运动的使命，国际残奥委员会有领导残奥会的使命。^②国际奥委会主席托马斯·巴赫说："国际奥委会欢迎联合国批准该决议，因为它重申了促进世界和平、多维教育和性别平等的理念。竞技运动的全球影响力及其对社区的影响可以带来包容、增强世界人民团结的力量。联合国决议可以变成有力的工具，鼓励各国共同制定最佳做法。国际奥委会发布的报告阐述了在2020年前，国际奥委会在职责范围内实现的18个目标，希望奥林匹克运动成为惠及个人发展的潜在动力。"国际奥委会表示，竞技运动的普遍性意味着国际奥委会和奥林匹克运动对促进世界可持续发展负有特殊责任。因此，可持续性是2020年奥林匹克议程的三大支柱之一，这是奥林匹克运动的未来战略。^③

思考之二：竞技运动可能成为人人投身于体育的最佳平台。中国竞技运动持续改革，协会实体不断得到推进："开放"办体育；动员全社会参与竞技运动；打破专业与非专业间的壁垒；搭建青少年竞技训练体系；跨界跨项选材体系构建。2018年，伴随着协会的不断实体化，中国竞技运动持续变革。雅加达亚运会上，男女篮球、三

---

① 刘小平、陈华荣：《从〈体育白皮书〉的制定看欧盟体育政策制定中的对话机制》，《体育学刊》2010年第12期。

② 汪习根、安效宜：《2030可持续发展议程下体育权利理念的优化》，《北京体育大学学报》2018年第3期。

③ 体育Boss：《联合国决议将推动体育成为实现可持续发展的重要工具》，http://www.sohu.com/a/279928757_99900941，访问日期：2019年1月10日。

人篮球四枚金牌都被中国队斩获。2017年姚明当选篮球协会主席后，将男篮国家队分开，锻炼了新鲜血液，并不断输送到省队和国家队之中；将女篮送到美国学习深造；使三人篮球通过"我要上奥运"进行全国选拔。2018年亚运会上，中国以132金、92银、65铜共289枚奖牌居榜首。成绩不俗的背后，74.6%新人担纲，彰显了中国体育的战斗力和潜力，中国体育改革成果逐步显现。伴随着社会经济的发展，人们对于竞技运动的兴趣越来越浓厚，人人享有竞技运动，开放的竞技运动发展模式已成为发展趋势。2018年3月10日，面向社会的自行车赛在大理展开。中国羽毛球协会推出的"东西南北中羽毛球"在2018年不断地为全国羽林高手提供平台，使业余选手与国家队高水平运动员同场竞技。

除了打破专业与非专业的界限、多元化进行选材以外，总局跨界跨项选材精神贯穿整个中国体育协会实体化改革全程，变革在有条不紊的规划中不断推进。2018年2月，中国铁人三项协会响应此项精神，启动"奥运之星"系列竞赛活动，经初选、集训、测验，使一批队员获得入选的机会。2015年《中国足球改革发展总体方案》颁布和实施后，中国男足在2016年重返世预赛，2018年中国女足提早获得世界杯资格，在亚运会进入决赛。近年来，中超球队在亚冠不断突破，所以联赛关注度迅速增长，不仅获得了80亿版权收入，还在上百个国家落地。中国篮协在2018年管办分离的制度改革中，将办赛权及商务权授予CBA联赛，其常规比赛达46轮，下赛季季后赛名额扩大至12个。作为中国体育的基石，青少年培养体系在2018年得到不断完善，中国足协开始推出补偿政策，同时，青超联赛则在体教结合方面积极尝试。在改革背景下，中国的竞技运动不只承担着争金夺银的任务，金牌的获得不再是竞技运动价值的主流标准，而深入挖掘竞技运动多元化功能和综合性社会价值，才能促使其价值的最大化。

第11章 研究结论与建议

11.1 研究的结论

哲学意义上的竞技运动价值指竞技运动对主体的积极意义，即竞技运动满足主体需要的属性和功能，它包含其本质和功能的总和。竞技运动价值具有客观存在和主观反映的两面性。竞技运动核心价值指竞技运动对主体的核心积极意义，即竞技运动满足主体需要的核心属性和功能的总和。竞技运动价值链指由竞技运动相互联系、相互耦合的价值要素所组成的价值链条。竞技运动横向价值链、相互联系的纵向区块链共同构成其价值模型。竞技运动价值链的结构特征：其横向价值链体现出动态性、时代性的特点，纵向价值链体现出关联性、扩展性的特点（图11-1）。

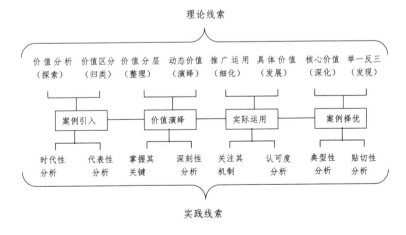

图 11-1 竞技运动的价值案例甄选过程

通过层次分析法择优，优选方案中的竞技运动横向价值链由精神价值、教育价值、运动价值、经济价值、文化价值、政治价值、外交价值、军事价值八个价值链环组成，纵向区块链由八个价值要素的下级要素组成。通过主成分分析发现，竞技运动横向价值链中的核心链环是精神价值、教育价值、运动价值和经济价值（特征值大于1的要素）。竞技运动延伸价值包含军事价值、经济价值、政治价值和外交价值（特征值小于1的要素）。其价值体现出分层、分类特点，某类竞技运动除表现其主体价值外，还必须兼顾其他延伸价值要素。

竞技运动核心价值：运动价值。该价值的核心要素为形成技术价值、提升体质价值和挑战极限价值。这表明：①竞技运动以身体运动为生发点，以形成运动技术结构和展现运动技术为核心价值载体；②竞技运动以提高身体体质和提升身体运动能力为基本价值载体；③竞技运动以勇破人体极限和敢于挑战心理压力极限作为重要价值载体。实现路径：从发展运动技术角度，提升竞技参与者掌握技术知识、技术基础、技术细节的能力；从提升身体体质维度，提高竞技参与者的健康水平、身体机能和专项体能；从挑战极限出发，提高竞技参与者的精神面貌、挑战精神以及突破能力。

竞技运动主体价值：精神价值。该价值的核心要素为拼搏精神价值、团队精神价值和公平精神价值。这表明：①竞技运动对改变心慵意懒、不思进取的精神状态具有积极引领效应；②竞技运动有利于提升团队凝聚力、战斗力、执行力和协同性；③竞技运动可以激发团队成员的才智，并规避徇私偏向现象。实现路径：从提振国家意志角度，通过竞技运动拼搏精神引领，改善国家奋勇图强、不屈不挠的精神意志；从强化团队精神角度，通过竞技运动的团队合作途径，提升民族效率意识和合作技巧；从净化社会环境角度，通过竞技运动制度建设创建依法治体、从严管理的治理环境。

竞技运动主体价值：教育价值。该价值的核心要素为竞争教育要素、意志教育要素和技能教育要素。这表明：①竞技运动有利于良性社会竞争环境和氛围的形成，有利于参与者竞争型人格塑造和竞争意识的养成；②竞技运动有利于锤炼参与者在艰苦条件下的坚韧性；③高水平竞技者高超的技能可以对大众形成技能标杆的教育效应。实现路径：企望从振奋民族精神风貌的维度，通过各层次竞技运动的意志教育手段，提升国家的民族意志；希望从强化法治的维度，通过竞争教育手段，净化竞争社会环境；期望从提高民众生活品质的维度，通过竞技运动身体运动教育维度，提高全体公民的体育素养。

竞技运动主体价值：文化价值。该价值的核心要素为竞争文化价值、规则文化价值、器材文化价值。这表明：实践中竞技运动文化只有紧紧依从文化要素的主要矛盾和主要矛盾的主要方面方能实现预期发展。实现路径：在竞争中形成独特气质；在竞争中锤炼心理品质；形成团队作战的竞争文化；通过竞争文化克服惰性。实现规则文化价值的路径：加强体育立法；提高参与者的法制意识；加强对规则意识的宣传；

努力制造精良装备；加强运动主体和科技人员的合作；不断通过器材创新进行成绩突破。

竞技运动主体价值：经济价值。该价值的核心要素为赛事经营价值、功能锻炼价值和休闲器材价值。这表明：①赛事经营是最能实现其经济价值的要素；②竞技训练方式转化成大众健身的具体手段体现其功能锻炼价值；③竞技器材"军转民"后变成健身休闲器材是其经济价值的重要体现形式。实现路径：通过体育赛事盈利模式的提炼，提高竞技项目的比赛水平、运营能力、宣传力度和观众认知水平；通过提高竞技训练方法的健身适用性，开发更多基于项目推演的功能锻炼手段；通过竞技器材研发，推动以人为本的具备穿戴体验、数据监控和"互联网＋"属性的智能器材的开发。

经主成分分析后的竞技运动延伸价值分别是政治价值、外交价值、军事价值。

竞技运动政治价值的核心要素：形象提升价值、团结互助价值、民族激励价值。竞技运动外交价值的核心要素：项目交流价值、民风交流价值、制度交流价值。竞技运动军事价值的核心要素：素质提高价值、吃苦作风价值、运动技能价值。竞技运动的核心价值与文化价值、军事价值、政治价值、外交价值相辅相成、密不可分，核心价值是其价值发挥的集中展现，延伸价值是其价值实现的关联表现。

11.2　研究创新点

研究创新类型涵盖了理论创新、实践创新和方法创新。本研究创新点：①概念新：对竞技运动核心价值、竞技运动价值链、区块链的概念进行定义。竞技运动的价值链指由竞技运动相互联系、相互耦合的价值要素所组成的价值链条。竞技运动价值概念已在前文阐释。②结构新：竞技运动价值链、区块链的分类、结构、体系。③分析新：横向价值链结构和纵向区块链的整体与辩证分析。④案例新：竞技运动非常强调实践性，案例辅证可为竞技运动价值分析提供立体、形象的实践参考。本研究收集了案例100多个，从中挑选了33个最经典、典型和贴切的案例作为价值链环辅证。⑤手段新：在专家访谈中，很多专家的共同意见是竞技运动价值不在实验室中，而在运动场上，因此，竞技运动价值非常强调实践性。

11.3 本书局限性

笔者深知自身理论功底薄弱、认知能力有限，驾驭此类课题难免捉襟见肘。与此同时，由于条件所限，难以从国际视野的角度高屋建瓴地俯视竞技运动价值的全貌；由于理论所限，难以从哲学层面泾渭分明地透彻分析竞技运动的价值体系；由于能力所限，难以从多元素、多层次、多角度阐述竞技运动价值的深层内涵。但是，值得庆幸的是，笔者通过对本课题的研究，找到了未来深入研究的方向、方法、方式。笔者将在后续研究中为完善竞技运动价值理论而不懈努力。

参考文献

[1] 程赫男. 试论马克思价值哲学的哲学维度 [J]. 科技展望, 2016, 26 (4) : 289.

[2] 邬焜. 价值哲学研究的新境界——《从理论价值哲学到实践价值哲学》评介与讨论 [J]. 哲学分析, 2016, 7 (2) : 182–195.

[3] 李德顺. 价值论：一种主体性的研究 [M]. 北京：中国人民大学出版社, 2013: 25.

[4] 韩东屏. 人是元价值—人本价值哲学 [M]. 武汉：华中科技大学出版社, 2013: 45–49.

[5] 王玉樑. 从理论价值哲学到实践价值哲学 [M]. 北京：人民出版社, 2013: 274–277.

[6] 雷美玲，唐永干. 亚里士多德体育思想之研究 [J]. 南京体育学院学报（自然科学版）, 2012, 11 (5) : 158–160.

[7] BREIVIK G. Zombie–Like or Super conscious？ A Phenomenological and Conceptual Analysis of Consciousness in Elite Sport[J]. Journal of the Philosophy of Sport, 2012, 40 (1) : 85–106.

[8] 马冠楠. 竞技运动价值所系——越境者的游戏 [J]. 浙江体育科学, 2013, 35 (1) , 25–28,40.

[9] 黄莉. 中华体育精神的文化内涵与思想来源 [J]. 中国体育科技, 2007, 49 (5) : 3–17.

[10] 陈淑奇. 论竞技体育发展中"生命道德精神"的培育 [J]. 武汉体育学院学报, 2010,44 (2): 49–52.

[11] 孙玮. 竞技运动中的"游戏精神"[J]. 北京体育大学学报, 2011, 34 (9) : 8–12.

[12] 高磊. "女排精神"对中国竞技体育的道德启示 [D]. 长沙：湖南工业大学, 2017.

[13] 李佳宝. 竞技体育与民族国家的共建："女排精神"产生和传播的历史 [J]. 体育成人教育学刊, 2018, 34 (3) : 44–48.

[14] 封雷，祖晶. 阳光体育运动理念下中小学竞技运动教育的人本主义思考 [J]. 南京体育学院学报 (自然科学版) , 2011, 10 (6) : 96–99.

[15] 杨静. 南京青奥会对青少年的德育价值及其实现路径 [D]. 苏州：苏州大学, 2014.

[16] 孟欢欢. 论竞技体育的教育价值——竞技体育发展的起点和归宿 [J]. 武汉体育学院学

报 , 2015, 49 (12)：62–65.

[17] 郭露露 . 摔跤运动的特点及教育价值研究 [D]. 北京：北京体育大学 , 2013.

[18] 王登峰 . 学校体育中的竞技运动及其价值 [J]. 体育教学 , 2016, 36 (11)：4–5.

[19] 王水泉 . 从 "竞技运动的美学" 到 "身体教育的思想" （一）——樋口聡学术研究轨迹访谈录 [J]. 体育与科学 ,2018,39 (5)：19–24.

[20] 王水泉 . 从 "竞技运动的美学" 到 "身体教育的思想" （二）——樋口聡学术研究轨迹访谈录 [J]. 体育与科学 ,2018,39 (6)：6–12.

[21] 彭雄辉，谢松林，邵伟 . 身体运动与时代的精神救赎——从《时代的精神状况》管窥雅斯贝尔斯的体育价值思想 [J]. 体育学刊 , 2012, 19 (3)：62–66.

[22] 程卫波 . 体育运动异化与回归的身体哲学阐释 [J]. 体育成人教育学刊 , 2017, 33 (5)：26–30,95.

[23] 殷治国，王林，范运祥 . 身体认知论视野下的运动学习实践 [J]. 成都体育学院学报 , 2018, 44 (3)：81–87.

[24] 李金早，张洋 . 我国地方经济发展水平与竞技体育实力关系的实证研究：基于第 11 届全运会的数据分析 [J]. 首都体育学院学报 , 2014, 26 (5)：454–459.

[25] 李博 . "供给侧改革" 对我国体育产业发展的启示——基于新供给经济学视角 [J]. 武汉体育学院学报 , 2016, 50 (2)：52–58.

[26] 党挺 . 国外体育竞赛表演市场发展分析及启示 [J]. 体育文化导刊 , 2017, 35 (6)：139–143.

[27] 辜德宏 . 供需视阈下我国竞技体育发展战略研究 [J]. 北京体育大学学报 , 2018, 41 (3)：14–25,32.

[28] 黄衍存，刘胜峰 . 体育场馆对体育文化的宣传方式及功能研究 [J]. 哈尔滨体育学院学报 , 2012, 30 (6)：48–52.

[29] 张春燕，钟明宝 . 体育竞争文化论纲 [J]. 南京体育学院学报 (社会科学版) , 2015, 29 (5)：105–112.

[30] 陈德旭 . 竞技体育社会功能论析及其文化价值新解 [J]. 山东体育学院学报 , 2015, 31 (6)：23–28.

[31] 刘纯献 . 我国体育政治软实力研究 [J]. 体育文化导刊 , 2011, 29 (5)：1–5.

[32] 马冠楠，刘桂海 . 竞技体育政治功能新探 [J]. 体育文化导刊 , 2011, 29 (7)：140–142.

[33] JOHN HORNE. Assessing the sociology of sport: On sports mega–events and capitalist modernity[J]. International Review for the Sociology of Sport, 2015, 50 (5): 466–471.

[34] MICHAL MARCIN. The Commonwealth Games as an Example of Bringing States Closer Through Sport[J]. Physical Culture and Sport. Studies and Research, 2017, 73 (1)：36–43.

[35]　赵帆.提升我国软实力视域下的体育外交研究 [D].济南:山东师范大学,2014.

[36]　郝雅烨子.体育外交在解决国际争端中的辅助作用研究 [J].北京体育大学学报,2015,38 (7):44–49.

[37]　王洪飞.我国体育外交的特点及策略研究 [J].体育文化导刊,2015,33 (12):1–5.

[38]　贾成波,田启铭.异构极化与同功融合:中西方体育文化交流的困境与出路 [J].体育与科学,2015,36 (3):57–60,68.

[39]　季春美,叶飞凤.唐朝丝绸之路上的体育文化交流 [J].体育文化导刊,2018,36 (10):148–153.

[40]　张海利,刘晓海,张海军.论体育是中国文化对外交流的重要载体 [J].体育文化导刊,2018,36 (10):11–14,56.

[41]　郭刚.体育与军队"软实力" [J].军事体育学报,2016,35 (2):60–61,124.

[42]　郎玥,黄亚玲.论顾拜旦的精英主义 [J].体育文化导刊,2017,35 (5):186–191.

[43]　孙葆丽,陈小蓉,王月,等.奥林匹克运动可持续发展萌芽阶段探析 [J].体育学研究,2018,1 (6):34–43.

[44]　骆正林.奥林匹克运动会的景观制造与价值传播 [J].体育与科学,2016,37 (6):54–60.

[45]　焦素花,孙南,焦现伟.现代奥林匹克运动"业余主义"的本体阐释 [J].体育与科学,2016,37 (1):54–62.

[46]　赵松,白春燕,魏彪.现代奥林匹克运动教育思想的历史流变与当代发展 [J].成都体育学院学报,2016,42 (2):27–31.

[47]　查建芳,孙小龙.论奥运会口号变迁的人文意蕴:从洛杉矶到索契 [J].体育与科学,2013,34 (1):71–74.

[48]　任蓓.奥林匹克精神的当代传承与发展 [J].成都体育学院学报,2013,39 (5):16–19.

[49]　孙湛宁,胡博然.世界公民教育:新时代中国奥林匹克教育价值研究 [J].北京体育大学学报,2018,41 (6):7–12,139.

[50]　谢明.奥运会参赛资格案的国际仲裁审查原则探析——从CAS的案例出发 [J].法学评论,2016,34 (6):136–142.

[51]　胡孝乾,郭惠珍,董刚.国际奥林匹克治理体系发展、影响与思辩 [J].北京体育大学学报,2018,41 (1):25–33.

[52]　谭琳.罗格与巴赫奥林匹克改革思想比较研究 [C]// 中国体育科学学会.2015第十届全国体育科学大会论文摘要汇编 (二) 中国体育科学学会:中国体育科学学会,2015:2.

[53]　吴阳阳,宋加强,宋玉.现代奥林匹克运动价值变迁的历史回溯与现实观照 [J].安徽体育科技,2018,39 (4):1–5.

附　录

附录1：教练员调查情况统计表

姓　名	年　龄	从事专项	教　龄	姓　名	年　龄	从事专项	教　龄
房可月	35	自行车	9	陈超	28	皮划艇	5
王本杰	43	自行车	23	陈春生	42	皮划艇	16
肖勇	48	自行车	16	陈奇	28	皮划艇	6
武光健	35	游泳	11	东阳娟	27	皮划艇	5
张帆	46	游泳	24	杜正宇	42	皮划艇	19
张楠楠	30	游泳	8	冯学群	42	皮划艇	20
张蔚	46	游泳	25	符永超	32	皮划艇	8
朱颖	38	游泳	16	郭继忠	44	皮划艇	13
符竞	28	田径	4	郭伟	30	皮划艇	5
何鹏	31	田径	7	何庆国	46	皮划艇	26
胡毅	29	田径	7	贺之春	25	皮划艇	4
吕钢	36	田径	11	胡世璟	30	皮划艇	4
彭榜容	27	田径	4	季永存	30	皮划艇	8
夏斌	49	田径	25	解庆生	54	皮划艇	32
袁祥	31	田径	8	柯华	56	皮划艇	30
张澄	35	田径	13	况房娣	39	皮划艇	15
张亮	32	田径	8	李媛	30	皮划艇	10
张琦琦	33	田径	10	李智	33	皮划艇	5

续表

姓　名	年　龄	从事专项	教　龄	姓　名	年　龄	从事专项	教　龄
郑祥	30	田径	8	梁新建	43	皮划艇	19
孙文新	56	田径	40	林淼	31	皮划艇	1
曹棉英	48	赛艇	17	凌建英	51	皮划艇	23
郭海东	50	赛艇	24	刘德双	37	皮划艇	14
王晏	40	赛艇	10	卢丹	42	皮划艇	23
潘梅亚	36	皮划艇	5	庄云	35	皮划艇	16
苏虹钢	32	皮划艇	8	陈孝铭	45	举重	20
孙淑竹	49	皮划艇	30	姜雪辉	50	举重	25
万中林	42	皮划艇	6	王维	27	举重	4
汪琴	41	皮划艇	18	杨松林	51	举重	26
王彬	40	皮划艇	18	臧丽娜	44	举重	20
王会春	34	皮划艇	9	陈得文	46	竞走	21
王翔	27	皮划艇	3	张海龙	39	竞走	20
王秀菱	33	皮划艇	8	王寨	36	激流回旋	5
王震	28	皮划艇	6	陈树武	33	激流回旋	15
叶文海	35	皮划艇	8	孙业龙	34	激流回旋	8
营文	44	皮划艇	23	徐立波	35	激流回旋	10
于军	27	皮划艇	5	张博	32	激流回旋	6
悦涛	35	皮划艇	3	纪冬	40	滑雪	15
张琴	41	皮划艇	13	陈渠	26	划艇（静水）	3
赵益搏	44	皮划艇	22	陈忠云	44	划艇（静水）	10
周耀武	48	皮划艇	15	孙德堂	27	划艇（静水）	3
朱存辉	33	皮划艇	5	马达	52	帆船皮划艇	28
朱敏国	30	皮划艇	3	马庆忠	43	短道速滑	20

附录 2：竞技运动价值调查问卷

竞技运动价值调查问卷

尊敬的专家：

您好！

为调查竞技运动的价值所在，我们特制定此卷。问卷将会占用您十分钟左右的时间，请您根据自己的观点填写。您的意见将对科学发展竞技运动极有帮助，谢谢！

基本信息					
姓　名		性　别		年　龄	
从事工作		工作年限		电子邮箱	
请按照您从事项目的下列价值的重要程度依次排序，将序号①②③④⑤⑥⑦⑧写入后面的方框，如你认为"文化价值"排序第一，就在其后面的方框里面写①，以此类推。					
精神价值		教育价值		文化价值	
军事价值		经济价值		运动价值	
政治价值		外交价值			
其他价值					

请您按从事项目价值的重要程度进行排序，在每个项目后面的非常重要、重要、不确定、不重要和极不重要五个选项后面画"√"。

一、精神价值

价值分类	非常重要	重 要	不确定	不重要	极不重要
平等精神价值					
竞争精神价值					
团结精神价值					

Ⅰ平等精神价值

价值分类	非常重要	重 要	不确定	不重要	极不重要
尊重精神价值					
参与精神价值					
公平精神价值					

Ⅱ竞争精神价值

价值分类	非常重要	重 要	不确定	不重要	极不重要
拼搏精神价值					
挑战精神价值					
创新精神价值					

Ⅲ团结精神价值

价值分类	非常重要	重 要	不确定	不重要	极不重要
奉献精神价值					
团队精神价值					
友谊精神价值					

二、经济价值

价值分类	非常重要	重 要	不确定	不重要	极不重要
赛事经济价值					
健康经济价值					
器材产业价值					

Ⅰ赛事经济价值

价值分类	非常重要	重 要	不确定	不重要	极不重要
赛事经纪价值					
赛事经营价值					
赛事连带价值					

Ⅱ健康经济价值

价值分类	非常重要	重　要	不确定	不重要	极不重要
功能养生价值					
功能康复价值					
功能锻炼价值					

Ⅲ器材产业价值

价值分类	非常重要	重　要	不确定	不重要	极不重要
休闲器材价值					
康复器材价值					
竞技器材价值					

三、教育价值

价值分类	非常重要	重　要	不确定	不重要	极不重要
思想教育价值					
行为教育价值					
文化教育价值					

Ⅰ思想教育价值

价值分类	非常重要	重　要	不确定	不重要	极不重要
规则教育价值					
竞争教育价值					
诚信教育价值					

Ⅱ行为教育价值

价值分类	非常重要	重　要	不确定	不重要	极不重要
自律教育价值					
适应教育价值					
意志教育价值					

Ⅲ文化教育价值

价值分类	非常重要	重　要	不确定	不重要	极不重要
知识教育价值					
技能教育价值					
理论教育价值					

四、文化价值

价值分类	非常重要	重　要	不确定	不重要	极不重要
物质文化价值					
精神文化价值					
制度文化价值					

Ⅰ物质文化价值

价值分类	非常重要	重　要	不确定	不重要	极不重要
器材文化价值					
场馆文化价值					
装备文化价值					

Ⅱ精神文化价值

价值分类	非常重要	重　要	不确定	不重要	极不重要
道德文化价值					
竞争文化价值					
团队文化价值					

Ⅲ制度文化价值

价值分类	非常重要	重　要	不确定	不重要	极不重要
规则文化价值					
体制文化价值					
奖惩文化价值					

五、运动价值

价值分类	非常重要	重 要	不确定	不重要	极不重要
校园运动价值					
社会运动价值					
职业运动价值					

Ⅰ 校园运动价值

价值分类	非常重要	重 要	不确定	不重要	极不重要
形成技术价值					
提高素质价值					
增强健康价值					

Ⅱ 社会运动价值

价值分类	非常重要	重 要	不确定	不重要	极不重要
掌握技能价值					
提升体质价值					
愉悦身心价值					

Ⅲ 职业运动价值

价值分类	非常重要	重 要	不确定	不重要	极不重要
表现技巧价值					
挑战极限价值					
拓展空间价值					

六、军事价值

价值分类	非常重要	重 要	不确定	不重要	极不重要
军事体能价值					
军事作风价值					
运动基础价值					

Ⅰ军事体能价值

价值分类	非常重要	重 要	不确定	不重要	极不重要
素质提高价值					
形态提升价值					
技能改善价值					

Ⅱ军事作风价值

价值分类	非常重要	重 要	不确定	不重要	极不重要
顽强作风价值					
硬朗作风价值					
吃苦作风价值					

Ⅲ运动基础价值

价值分类	非常重要	重 要	不确定	不重要	极不重要
运动知识价值					
运动技术价值					
运动技能价值					

七、政治价值

价值分类	非常重要	重 要	不确定	不重要	极不重要
弘扬国威价值					
凝练思想价值					
激励民族价值					

Ⅰ弘扬国威价值

价值分类	非常重要	重 要	不确定	不重要	极不重要
形象提升价值					
精神提升价值					
素质提升价值					

Ⅱ 凝练思想价值

价值分类	非常重要	重　要	不确定	不重要	极不重要
合法竞争价值					
团结互助价值					
顽强进取价值					

Ⅲ 激励民族价值

价值分类	非常重要	重　要	不确定	不重要	极不重要
民族团结价值					
民族自觉价值					
民族激励价值					

八、外交价值

价值分类	非常重要	重　要	不确定	不重要	极不重要
国际交流价值					
民族交流价值					
信仰交流价值					

Ⅰ 国际交流价值

价值分类	非常重要	重　要	不确定	不重要	极不重要
项目交流价值					
文化交流价值					
思想交流价值					

Ⅱ 民族交流价值

价值分类	非常重要	重　要	不确定	不重要	极不重要
民俗交流价值					
民风交流价值					
民技交流价值					

Ⅲ 信仰交流价值

价值分类	非常重要	重　要	不确定	不重要	极不重要
宗教交流价值					
礼仪交流价值					
制度交流价值					